Adrien Mamadou Sawadogo

Gott hat mich ergriffen

Adrien Mamadou Sawadogo

Gott hat mich ergriffen

Vom Islam zum Christentum –
weder Sieg noch Niederlage

media
maria

Bibliografische Information: Deutsche Nationalbibliothek.
Die deutsche Nationalbibliothek verzeichnet diese Publikation in
der Deutschen Nationalbibliografie; detaillierte bibliografische
Daten sind im Internet über http://dnb.ddb.de abrufbar.

Die Originalausgabe erschien unter dem Titel:
TÉMOIGNAGE
DIEU SEUL L'EMPORTE
Ma conversion n'est ni une victoire
ni une défaite mais l'œuvre de Dieu
© Adrien Mamadou Sawadogo
© Harmattan, Burkina 2016

GOTT HAT MICH ERGRIFFEN
Vom Islam zum Christentum – weder Sieg noch Niederlage
Adrien Mamadou Sawadogo
© Media Maria Verlag, Illertissen 2017
Alle Rechte vorbehalten
ISBN 978-3-9454014-0-8

www.media-maria.de

INHALT

I. KAPITEL
Mein Weg

II. KAPITEL
Die Hindernisse auf dem Weg

III. KAPITEL

Der uns getrennt hat,
versöhnt uns

IV. KAPITEL

Christ und Apostel:
Beides bin ich

Dieses Buch konnte nur dank der Unterstützung meiner Freunde und meiner Mitbrüder in der Gesellschaft der Afrikamissionare, auch »Weiße Väter« genannt, erscheinen. Mein besonderer Dank gilt Pater Maurice Borrmans und Brigitte und Jean Varret und ihren Freunden.

Gewidmet meinem Vater al-Hādjdj Issa Sawadogo und meiner Mutter Minata Rouamba, für die ich den Schutz der seligsten Jungfrau Maria und ihres Bräutigams, des heiligen Josef, erflehe. Sie waren mir auf meinem Lebensweg ein wunderbares Abbild der Eltern Jesu.

Meine Lieben, ihr beide habt gelitten, ohne zu wissen, warum. Möge dieses im Glauben und in Liebe dargebrachte Opfer euch zur Herrlichkeit des lebendigen Gottes führen, auf den ihr all eure Hoffnung gesetzt habt.

Euer Sohn gibt euch seinen priesterlichen Segen im Namen des lebendigen Gottes, wie er sich offenbart hat, des Vaters, des Sohnes und des Heiligen Geistes.

VORWORT

Der Besucher, der in Granada in Spanien das wunderbare architektonische Juwel, den Palast der Alhambra, entdeckt, den dort im Jahr 1492 die letzten muslimischen Emire der Stadt, die Nasriden, als Geschenk hinterlassen haben, wird sich über die arabische Formel wundern, die er Hunderte Male im Stuck der Mauern eingraviert findet: *Lā ghāliba illā-llāh* (»Es gibt keinen Sieger außer Gott«), das heißt, »Gott wird letzten Endes immer den Sieg davontragen«. Und genau dies will ein Muslim, der zu den guten arabischen Leuten im Maghreb-Gebiet gehört, ausdrücken, wenn er diese Formel in seinem Dialekt ausspricht: *»Allāh ghāleb«* – »Gott ist der Sieger« –, »zu guter Letzt wird Gott der Sieger sein« in jeder schwierigen Situation, in der alles unmöglich oder widersinnig erscheint und in der die Menschen annehmen müssen, was Gott für sie vorgesehen hat.

Der Leser der vorliegenden Autobiografie von Adrien Mamadou Sawadogo ist eingeladen, sich mit ihm auf eine Entdeckungsreise zu begeben und ihn auf seinem ungewöhnlichen Weg zu begleiten, den er zunächst als aufrichtig glaubender Muslim begann und der ihn zum Christentum führte, wo er heute als Priester und Afrikamissionar tätig ist. Es ist »Gott, der den Sieg davonträgt«, wie auch immer die freie Wahl seiner Geschöpfe ausfallen mag und welche existenziellen Entscheidungen sie auch immer im Laufe ihres eigenen Lebens treffen mögen. Der Titel, den Adrien seinem geistlichen Abenteuer und dem Bericht seiner Bekehrung zu Jesus Christus gegeben hat, bestätigt: Es handelt sich »nicht um einen Sieg« des Christentums »noch um eine Niederlage« des Islam, sondern letztlich vielmehr um die Erfüllung eines »Werkes Gottes«, dem Adrien entsprechen wollte in der Treue zu den Zeichen, die Gott ihm in seinem Leben hat offenbar werden lassen. Sie wurden immer klarer und eindringlicher, sodass Adrien sich am Ende selbst Gott übergab mit den Worten: *Lā ghāliba illā-llāh* – »Es gibt keinen Sieger außer Gott«. Ja, »Gott allein hat das letzte Wort in meiner Geschichte«, schreibt er, und der Beweis dafür ist, dass während seiner Priesterweihe in der Kathedrale von Banfora sein Vater Issa und seine Mutter Minata, die im letzten Moment angekommen waren, die gleiche Tatsache anerkennen und bestätigen mussten, obgleich sie beide aufrichtig glaubende Muslime blieben und sich bei diesem Anlass mit ihrem Sohn versöhnten: *Allāh ghāleb*, ja, »Gott trägt den Sieg davon«, denn es ist wirklich »allein das Werk Gottes« und wir müssen uns ihm im Vertrauen und mit Dank übergeben.

Natürlich können Skeptiker die Wahrhaftigkeit der hier von Adrien berichteten Tatsachen in Zweifel ziehen oder sie auf psychologische Phänomene zurückführen, sie sogar als pathologisch oder als merkwürdige Erscheinungsform eines christlichen Über-Ichs betrachten, das in seinem Unterbewusstsein oder seinem Unbewussten arbeitet. Aber die Ereignisse, die er mir, der ihn schon lange kennt, beschrieben hat, führen alle zu der Erkenntnis, diese als wahr anzunehmen: Diese »innere Stimme« war für ihn immer eine Inspiration und manchmal geradezu eine Aufforderung, dem zu folgen, was sie ihm vorgab. Es kann also nicht darum gehen, die wertvolle Inspiration zu leugnen, die für ihn von dieser Stimme ausging, noch ihren Einfluss auf die von ihm glücklich zu Ende geführten Initiativen abzustreiten.

Der Christ kann darin die Gegenwart und das Wirken des Heiligen Geistes erahnen, selbst wenn er durchaus das Recht hat, davon auszugehen, dass dieses besondere Eingreifen Gottes sich nur für den Betroffenen als Geschenk einer besonderen Gnade auswirkt, zu der die innige Vertrautheit gehört, die jeder Glaubende mit seinem Gott und jeder Christ mit Jesus lebt. Da aber das Evangelium uns auffordert, die Bäume von ihren Früchten her zu beurteilen, ist es uns möglich, in dieser »Konversion Adriens« ein privilegiertes Eingreifen Gottes zu erkennen, das nicht nur ihn verpflichtet, sondern auch unsere respektvolle Betrachtung nahelegt. Nur der gläubige Leser wird ihn auf seinem Weg begleiten und mit ihm den Herrn der Barmherzigkeit preisen, dem wir dieses Eingreifen verdanken, das von uns in seinem vollen Wert geschätzt werden sollte. Wenn eine »Konversion« geschieht, müssen wir feststellen und anerkennen, dass sie »das Werk Gottes« ist, ohne dass sie einen Sieg oder eine Niederlage für irgendjemanden bedeutet.

Maurice Borrmans[1]

---

[1] Pater Maurice Borrmans gehört den »Weißen Vätern«, der Gesellschaft der Afrikamissionare, an und ist Doktor der Islamologie. Er ist Professor für Islamologie und Arabisch am PISAI (Päpstliches Institut für Arabische und Islamische Studien mit Sitz in Rom und Kairo) und tritt international als Referent auf.

DANKSAGUNG

In Gemeinschaft mit all jenen, die in diesem Bericht das Geheimnis der allumfassenden Liebe des lebendigen Gottes erkennen, lobe und danke ich ihm für all seine Gaben. Ich danke von ganzem Herzen meiner großen leiblichen Familie sowie auch meiner muslimischen Gemeinschaft, meiner ersten geistlichen Familie, die mein Herz geschult hat für ein Leben aus dem Glauben, der mir eine Quelle der Harmonie und des Friedens ist. Meine ganze Dankbarkeit gilt auch den Menschen, die mich auf diesem Weg bestärkt haben, ebenfalls den christlichen Gemeinschaften, für die ich als Missionar und Priester in Afrika arbeite. Meine Erfahrung als Missionar in eurer Gemeinschaft hat mich im göttlichen Ursprung meines Weges und meiner Berufung bestärkt. Und auf ganz besondere Weise möchte ich den Personen danken, die durch dieses Zeugnis angesprochen wurden und die nicht aufgehört haben, mich beharrlich zu bitten, es niederzuschreiben, damit es auch für andere verfügbar ist. Ich möchte mich auch bei ihm, dem ich die Klarheit des Textes und das schöne Vorwort verdanke, herzlich bedanken. Er hat gelesen und nochmals gelesen, korrigiert und den Text in seinem Herzen bewegt, trotz seiner schwachen Gesundheit: Pater Maurice Borrmans, tausend Dank!

Heiliger Vater, Papst em. Benedikt XVI., danke, dass Sie die letzte Stimme waren, die mir ein »Zeichen des Herrn« gewesen ist, um mir zu sagen, dass die Zeit endlich gekommen ist, um dieses Zeugnis zum Nutzen aller niederzuschreiben.

Meine große Dankbarkeit spreche ich auch der Geistlichen Familie »Das Werk« aus für den vielfältigen geistlichen und brüderlichen Austausch, der dieses Zeugnis hat reifen lassen.

Danke an Brigitte und Jean Varret, meine Nazareth-Familie, die mich begleitet haben in der Abfassung meines Berichts über meinen Lebensweg. Und schließlich ein herzliches Dankeschön meiner geistlichen Familie, der Gesellschaft der Afrikamissionare, für die Geduld, die sie mir im Laufe meiner Ausbildung entgegengebracht, und für das Vertrauen, das sie in meine ganz besondere Berufung gesetzt hat. Möge der dreimal heilige Gott uns alle in der Einheit des Glaubens an seine Liebe und Barmherzigkeit behüten.

EINLEITUNG

Wer bin ich?

Ich bin ein junger Missionar, Mitglied der Gesellschaft der Afrikamissionare, und stamme aus Burkina Faso. Am 8. April 1971 wurde ich in Boboua-Daloa an der Elfenbeinküste als ältester Sohn von al-Hādjdj Issa Sawadogo geboren. Mein Vater ist ein Muslim, der in seiner Gemeinde hohes Ansehen genießt. Er wird auch von den Mitgliedern der anderen Gemeinden, mit denen er zusammentrifft, sehr respektiert aufgrund seines tiefen Glaubens an Allah, seiner Glaubenspraxis mit der treuen Einhaltung der Riten, seiner Wohltätigkeit gegenüber den sozial am meisten Benachteiligten, wegen seiner Besonnenheit und seiner unablässigen Suche nach Gerechtigkeit und Versöhnung. Papa hat mir den muslimischen Glauben treu weitergegeben, den er selbst von seiner Glaubensgemeinschaft empfangen und durch seine Ausübung gestärkt hat.

Seit meiner frühesten Kindheit habe ich von meinem Vater gelernt, dass Allah der Schöpfer der ganzen Menschheit ist, dass alles, was existiert, Allah gehört, und dass ihm unser ganzes Leben geweiht ist. Von meiner Kindheit an habe ich also gelernt, was es heißt, ein Muslim zu sein. Und in der Tat war ich Muslim seit meiner Geburt und durch meine »Taufe« (die Zeremonie der Namensgebung), bei der ich den Namen »Mamadou« erhielt. Dieser Name stammt vom Propheten des Islam.

So bin ich im muslimischen Glauben aufgewachsen bis zum Alter von zwanzig Jahren, als mich eines Tages ein außergewöhnliches Ereignis erschüttert und mich schrittweise zum Glauben an Christus Jesus, dann zum missionarischen Leben und zum Priestertum bei den Afrikamissionaren (die auch »Weiße Väter« genannt werden) geführt hat.

Dieser Weg hat schon immer das Interesse von vielen Menschen geweckt, besonders von Christen, Muslimen sowie auch von Anhängern der traditionellen afrikanischen Religionen. Sie alle bildeten das religiöse Umfeld, in dem dieser Weg begonnen hat. Nach einundzwanzig Jahren auf dieser Wegstrecke kann ich ohne den geringsten Zweifel versichern, dass dieser von Gott selbst eingeleitete Weg eine Quelle der Gnade für viele sein kann. Zugleich möchte ich in diesem Bericht Zeugnis ablegen für das, was der lebendige Gott

für mich getan hat. Da dieses Zeugnis vielen ge-
holfen hat, kann es vielleicht auch eine Hilfe für
andere sein.

I. KAPITEL

Mein Weg

Ich schreibe mein Zeugnis in vollkommenem Vertrauen auf Gott nieder. Möge der Herr meinen verehrten Leserinnen und Lesern den Geist der Wahrhaftigkeit und der Offenheit schenken, der von der Initiative des Schöpfers in seiner Schöpfung Zeugnis ablegt. Wie ich schon oft wiederholt habe, habe ich mir mein gegenwärtiges Leben, erfüllt mit dem Glauben an Jesus Christus, nicht ausgesucht. Ich habe es geschenkt bekommen und ich habe mich entschlossen, es anzunehmen. Im Grunde soll dieses Zeugnis es ermöglichen, den Plan Gottes zu entdecken, den er für den Weg der Konversion eines jungen Muslims hatte, der von seinem muslimischen Glauben überzeugt war und der ihn zum christlichen Glauben führte, den er nicht kannte und den er auch nicht kennenlernen wollte, weil er darin keine Notwendigkeit sah.

In diesem Bestreben werde ich mit Ihnen auf den folgenden Seiten meine Erfahrungen mit dem muslimischen Glauben teilen und ebenfalls den Grund, der mich dazu geführt hat, mich für den christlichen Glauben zu öffnen, und was der christliche Glaube heute für mich bedeutet.

I.1 Mein muslimischer Glaube

Damals stützte sich mein Glaube vor allem auf die fünf Säulen des Islam, nämlich die Schahāda (das Glaubensbekenntnis), das Salāt (die fünf täglichen Gebete), den Saum oder Siyam (die Zeit des Fastens oder des Ramadan), die Zakāt (das Almosengeben) und den Hadsch (die Pilgerfahrt nach Mekka). Ich folgte dem Vorbild meines Vaters und praktizierte meinen Glauben, indem ich die fünf täglichen Gebetszeiten strikt einhielt. Oft betete ich noch darüber hinaus während der Nacht.

Ein fester Bestandteil meines Glaubens war die Hilfe für die Notleidenden. Dies war der Mittelpunkt meines sozialen Engagements. Deshalb nahm ich auch die Bedürfnisse der anderen sehr genau wahr und unterstützte, so gut es mir möglich war, die hilfsbedürftigsten Familien und die Mitschüler, die ausgegrenzt wurden und deren Familien Not litten.

Wichtig für mich war das Gemeinschaftsgebet am Freitag, bei dem ich gern die Unterweisungen über das Verhalten eines Muslims im alltäglichen Leben hörte und übernahm. Dort erfuhr ich auch von den Taten und Aussagen des Propheten und ich machte mir das Wort Gottes, das dort jeden Freitag gelesen und kommentiert wurde, zu eigen.

Dank meiner Gemeinschaft gelangte ich zu der tiefen Überzeugung, ja geradezu zur Gewissheit, dass allein der Glaube an Allah, so wie ich ihn empfangen hatte, dem Leben eines jeden Menschen Sinn verleiht.

Auch verspürte ich kein Bedürfnis, einen anderen Glauben kennenzulernen: Mit Personen eines anderen Glaubensbekenntnisses zusammenzuleben, wie es etwa mit Christen der Fall war, störte mich überhaupt nicht, denn niemand konnte meinen muslimischen Glauben erschüttern.

Jedes Mal, wenn ich bei der Ausübung meines Glaubens auf ein Problem stieß, wie zum Beispiel die nicht mögliche Einhaltung der beiden nachmittäglichen Gebetszeiten, weil ich in dieser Zeit Kurse besuchen musste, suchte ich Rat bei einem Verantwortlichen der muslimischen Gemeinschaft. Ich bemühte mich immer um den Frieden, egal, wo ich lebte, denn ich wusste, dass Allah Mitleid und Erbarmen ist; auch dies hatte ich von meinem Vater gelernt. Wenn diejenigen meiner Klassenkameraden, die Christen waren, mich wegen meiner getreuen Einhaltung der Gebetszeiten und wegen meiner persönlichen Disziplin verspotteten, erwiderte ich nichts darauf, denn für mich war jedes andere Glaubensbekenntnis als der Islam falsch. Folglich gab es keinen Grund für mich, beleidigt zu sein, da sie mich ja nicht verstehen konnten. Das war also, kurz zusammengefasst, mein muslimischer Glaube.

Vor Kurzem teilte ich meine damaligen Erfahrungen als gläubiger Muslim mit Jugendlichen, wie ich es soeben gemacht habe. Am Ende meiner Ausführungen stellte eine Jugendliche die folgende Frage: »Wenn alles so schön war und wir so viele Dinge gemeinsam haben, warum bist du dann Christ geworden?« Das ist die Frage, die mir immer wieder gestellt wird, wenn jemand meine persönliche Geschichte hört. Meine Antwort ist immer dieselbe: Sie ist nicht alltäglich, aber sie ist die einzige, die ich zu bieten habe. Hier ist sie.

I.2 Das Zeugnis, das alles auf den Kopf stellte: meine Konversion

Obwohl ich in der Elfenbeinküste geboren wurde, verbrachte ich das Schuljahr jeweils bei meinem Onkel in Burkina Faso. Eines Abends fuhr ich, nachdem ich meinen Taekwondo-Übungskurs[2] beendet hatte, mit dem Fahrrad nach Hause. Da hörte ich plötzlich direkt über meinem Kopf eine Stimme, die mich mit meinem Namen ansprach. Ich hörte: »Mamadou!« Als ich instinktiv aufblickte, sah ich eine Gestalt wie eine menschliche Person, die in strahlendstem Weiß gekleidet war, von einem Glanz, der einem hellen Licht glich, das man auf ein ganz weißes Tuch projiziert. Meine Augen waren auf diese Person gerichtet, sodass ich nichts mehr außer ihr und mir wahrnahm. Ich war mir weder der Fortbewegung meines Fahrrades noch einer anderen Veränderung um mich herum bewusst; und obwohl sich dies ein paar Kilometer von zu Hause entfernt ereignet hatte, sah ich, als die Person aus meinem Blick entschwand, wie mein Fahrrad in der Garage am üblichen Platz abgestellt war, dort, wo ich es immer abstellte.

---

[2] Taekwondo ist eine Kampfsportart.

Als ich zu mir kam, erfasste mich zunächst ein gehöriger Schreck, doch dann fand ich sofort wieder meinen Frieden. Beim Verlassen der Garage richtete ich meinen Blick nach oben, um zu sehen, ob diese Person noch da sei. Aber sie war nicht mehr da. Und sogleich versuchte ich zu verstehen, was ich erlebt hatte. Ich war erschüttert, gepackt zwischen Zweifel und offensichtlicher Tatsache. Ich wollte die Dinge überprüfen und befragte den Wächter unserer Villa und das Wachpersonal des großen Eingangsportals des Mühlenbetriebes *Grands Moulins du Burkina*. Dort wohnte ich damals, weil mein Onkel Daniel Sawadogo der technische Direktor dieses Mühlenbetriebes war. Ich wollte wissen, ob sie an jenem Abend etwas Außergewöhnliches an meinem Verhalten bemerkt hatten. Zum Beispiel erinnerte ich mich nicht, mich am großen Portal gemeldet zu haben, wie ich es üblicherweise tat, noch die Wächter gegrüßt zu haben. Zu meiner großen Überraschung antworteten mir alle, dass ich mich wie üblich verhalten hatte. Das alles war mir tatsächlich unverständlich und zugleich konnte ich die Tatsachen nicht bestreiten.

Zwei Fragen kamen mir sogleich in den Sinn: Wer ist das? Was hat das zu bedeuten? Und sogleich war ich versucht, alles zu vergessen. Ich habe darüber mit niemandem geredet und sagte mir, dass das alles nur Einbildung gewesen sei. Und dann, nach einigen Tagen, als ich glaubte, der Vorfall sei abgeschlossen, machte ich eine andere Erfahrung mit derselben Gestalt, immer noch gekleidet in strahlendstem Weiß: Die Person stand am Fußende meines Bettes, während ich mich ausruhte, und richtete ihren Blick auf mich. Ich befand mich im Halbschlaf, halb wach und halb schlafend. Ich war vollkommen verblüfft, da ich nicht damit gerechnet hatte, sodass ich mich entschloss, meine Augen zu öffnen, um diese Person zu ertappen und festzustellen, wer diese Person wirklich war. Aber jedes Mal, wenn ich meine Augen öffnete, verschwand sie vor meinem Blick. Und jedes Mal, wenn sie auftauchte, war ihre Gegenwart so real wie beim ersten Mal, sodass ich mich schließlich entschloss, diese Person direkt zu fragen: »Wer bist du? Und was willst du?«

Diese beiden Fragen blieben unbeantwortet bis zu dem Tag, als mich eine Klassenkameradin, Sylvie, die Christin war, besuchte. Nach ihrem Besuch begleitete ich sie nach Hause. Dort hörte ich plötzlich im Eingang zum Hof von Neuem die Stimme, die mich wie beim ersten Mal rief: »Mamadou!« Unwillkürlich drehte ich meinen

Kopf in die Richtung, aus der die Stimme gekommen war. Da sah ich einen Mann, der einem Kind[3], das bettelte, zärtlich über den Kopf strich. Ich kann gar nicht beschreiben, wie schön diese Geste war, die ich hier betrachten durfte. Ich fragte meine Freundin: »Wer ist das?« – »Das ist Pater Gilles«[4], antwortete sie.

Und ich fragte weiter: »Warum behandelt er den Jungen so liebevoll?« Sie erwiderte: »Er macht das, wozu Jesus ihn beauftragt hat.« – »Und wer ist Jesus?«, fragte ich weiter. Meine Freundin antwortete: »Jetzt stellst du aber zu viele Fragen!«, und damit entfernte sie sich. Kaum hatte sie aufgehört zu reden, als vollkommen überraschend und als Antwort auf meine Fragen die Person erschien, die mich gerufen hatte, und zwar auf eine solch reale Art und Weise, dass ich unsere erste Begegnung wieder erlebte. Und durch ihre Anwesenheit wurde ich in eine tiefe Stille eingetaucht. Wieder existierte nichts anderes mehr als die Gegenwart dieser Person und meine. Dann,

---

[3] Es war eines der Kinder der Koranschule, die von Tür zu Tür gehen und um Almosen bitten.

[4] Pater Gilles de Rasilly war ein französischer Priester der Gesellschaft der Afrikamissionare (»Weiße Väter«). Sein Einsatzort war Banfora, der Ort, an dem ich lebte und die Schule besuchte.

mitten in der Stille, hörte ich die Stimme, die zu mir sagte: »Du wirst so sein wie er.« Daraufhin richtete ich meinen Blick auf den Mann, der so liebevoll mit dem Kind umging. Ich verhielt mich still und fragte mich, was das wohl zu bedeuten habe.

Als meine Freundin sah, dass ich immer noch da war, kehrte sie zurück und fragte mich, was ich denn da mitten auf der Straße mache. Ich wiederholte ihr gegenüber, was ich gerade gehört hatte, indem ich zu ihr sagte: »Ich muss so sein ›wie er‹«, und zeigte auf Pater Gilles.

Meine Freundin brach in lautes Lachen aus und ließ mich wissen, dass ich nicht »wie er« werden könne, weil Jesu Nachfolger Christen, das heißt seine Jünger seien, während ich ein Muslim sei. Ohne viel darüber nachzudenken, antwortete ich: »Dann werde ich Christ, um ›wie er‹ zu werden, denn ich muss in Zukunft ›wie er‹ sein. Nach einigen Schritten fragte ich sie: »Was muss man tun, um Christ zu werden?« Ich erfuhr sodann von meiner Freundin, dass man dort, wo ich soeben Pater Gilles gesehen hatte, Jesus kennenlernen konnte.

Ich ließ meine Freundin allein weitergehen und kehrte wieder zurück, um mich heimlich in diesem Hof niederzusetzen, der das Zentrum für die Jugendlichen von Banfora war, damit ich erfahren konnte, was sie von Jesus erzählten. An jenem Tag begann ein Glaubenskurs und der Pater gab eine Art Zusammenfassung, die von den Verheißungen ausging und bis zur Geburt Jesu, seinem Leben, seinem Tod und seiner Auferstehung und schließlich zu seinen Erscheinungen reichte. Und ich sagte zu mir selbst: Sie kennen ihn also! Dann wartete ich bis zum Ende des Kurses, um mit dem Pater zu sprechen und ihm meinen Wunsch mitzuteilen: »Ich möchte auch Christ werden.«

Pater Gilles de Rasilly.

II. KAPITEL

Die Hindernisse auf dem Weg

II.1 Euer Priester hat Angst

Der Priester sah mich überrascht an, als er fragte: »Bist du nicht getauft?« Als ich ihm mit »Nein« antwortete, fragte er mich nach dem Grund. Und als ich ihm sagte, dass ich Muslim sei, sah ich in seinen Augen, dass er Angst hatte, mich für diesen Kurs einzutragen.

Daraufhin ging ich zum Gymnasium, das ich besuchte, um dort einen meiner Freunde, Serge Noel Zéba, zu suchen. Er war Christ und gehörte zu jenen Mitschülern, die sich gern über mich lustig machten, wenn ich mich zurückzog, um meine Gebetszeiten einzuhalten. Ich sagte ihm, dass ich Christ werden möchte, aber dass der Priester Angst hätte, mich für den Glaubenskurs einzutragen. Überrascht und voller Freude rief er so laut aus, dass es die ganze Klasse erfuhr: »Er will Christ werden!« Nachdem er sich wieder beruhigt hatte, sicherte er mir zu: »Keine Sorge, am kommenden Mittwoch werde ich dich begleiten.«

Tatsächlich sind wir am darauffolgenden Mittwoch dort hingegangen. Um den Priester zu überzeugen, sagte er ihm, dass ich sein Freund sei und dass ich bereits an einem einjährigen Glaubenskurs in der Elfenbeinküste teilgenommen hätte, den ich jetzt in Banfora fortsetzen wollte. Das stimmte zwar überhaupt nicht, aber es genügte, um den Priester zu überzeugen, mich für das zweite Jahr des Glaubenskurses zuzulassen. Und so ging ich voran wie ein Insekt, das vom Licht angezogen wird, bis zu dem Tag, als einer meiner Onkel, Boukary Sawadogo, mich zur Rede stellte. Er hatte erfahren – von wem, weiß ich nicht –, dass ich mich bei den Christen aufhielt und dort ihren Glaubenskurs besuchte. Als ob ich aus einem tiefen Schlaf erwacht wäre, wurde mir nun plötzlich bewusst, was durch mein Vorgehen auf dem Spiel stand. Ich erinnerte mich daran, dass entsprechend der Unterweisung, die ich als Muslim erhalten hatte, der christliche Glaube falsch war. Es gab jedoch diese außerordentliche Kraft, die mich unablässig weiter nach vorne zog, um dem Wort zu folgen, das mir durch diese Person gesagt worden war: durch Jesus. Zugleich verstand ich nicht, warum ich den muslimischen Glauben aufgeben sollte, denn ich lebte ein gutes und friedliches Leben und es fehlte mir an nichts.

Aber weil ich nicht gleichzeitig Christ und Muslim sein konnte, hatte ich doch begriffen, dass ich auf dem Weg war, der zur Kirche und zu Jesus Christus führt. Dies war im Hinblick auf meine muslimische Erziehung absolut unvorstellbar. Es war sogar ein schweres Vergehen gegenüber meiner muslimischen Gemeinschaft und eine Demütigung für meinen Vater und für meine Familie. Deshalb leugnete ich aus Klugheit, an dem Glaubenskurs teilzunehmen, und mein Onkel Boukary verbot mir ausdrücklich, wieder zum Jugendzentrum zu gehen.

Ich nahm daher bis zum dritten Jahr heimlich an dem Glaubenskurs teil. Dann sollte ich die Taufe empfangen. Nun tauchte ein neues Problem auf: Um zur Taufe zugelassen zu werden, musste ein Blatt Papier ausgefüllt und von den Eltern oder Erziehungsberechtigten unterzeichnet werden. Obwohl ich bereits zweiundzwanzig Jahre alt war, vermutete ich, dass die Kirche in meinem Fall aus Vorsicht diese Unterschrift unter diesem Blatt Papier einforderte, um jede Anklage wegen Proselytismus[5] auszuschließen.

---

[5] Abwerben von Gläubigen aus anderen Konfessionen, Kirchen und Glaubensgemeinschaften, die zum Eintritt in die eigene Konfession oder kirchliche Gemeinschaft bewegt werden sollen (Anm. d. Verl.).

Als der Priester mir die Dinge erklärte und mir dieses Blatt Papier übergab, legte sich eine Wolke von Traurigkeit auf mich: Es war mir klar, dass es für mich nicht möglich sein würde, das Formular unterschreiben zu lassen. Es war mir zwar gelungen, meine Teilnahme an dem Glaubenskurs geheim zu halten, doch würde mein Vater ein solches Blatt nie unterschreiben! Und obgleich mein Onkel Daniel, der mein Erziehungsberechtigter war, selbst Christ war, hatte ich auch vor ihm alles verheimlicht, und er würde sicher nicht den Zorn seines großen Bruders auf sich ziehen wollen, indem er das Blatt Papier unterzeichnete, das mir erlauben würde, die Taufe zu empfangen.

Trotz allem entschloss ich mich doch, mein Glück zu versuchen, indem ich ihm das Blatt Papier zur Unterschrift vorlegte. Als er es jedoch las und dabei entdeckte, dass die Taufe erwähnt wurde, rief er aus: »Aber was soll das! Seit wann hast du an diesem Kurs teilgenommen?« – »Seit zwei Jahren«, antwortete ich, den Blick auf seine Hand und das Blatt gerichtet. Dann fügte er eher zögerlich hinzu: »Ach nein, ich kann dieses Papier nicht unterschreiben. Der große Bruder würde mich umbringen!« Ich nahm also meinen Stift und das Blatt Papier wieder an mich und ging in mein Zimmer, wo ich beides auf meinen

Schreibtisch warf und mich ins Bett legte. Ich richtete dieses einfache Gebet zu Gott: »Du hast mir gesagt, dass ich ›wie er‹ sein werde; um ›wie er‹ zu werden, muss ich Christ werden; um Christ zu werden, muss ich getauft werden und um getauft zu werden, muss dieses Blatt Papier unterschrieben werden. Ich habe alles getan, was in meiner Macht steht; alles Übrige liegt in deinen Händen.«

Als ich dieses Gebet zu Ende gesprochen hatte, versank ich in einen tiefen Schlaf. Dann, in der Stille, sprach seine Stimme dreimal diese Worte zu mir: »Steh morgen früh auf, nimm deinen Stift und das Papier, geh zu deinem Onkel und sag ihm Folgendes: ›Onkel, wenn du nicht unterschreibst, werde ich selbst unterschreiben.‹« Nachdem diese Botschaft dreimal wiederholt wurde, schreckte ich aus dem Schlaf hoch, überrascht von dem, was geschehen war. Und da ich noch ziemlich durcheinander war, nahm ich an, dass ich bis zum Morgen geschlafen hätte, doch da hörte ich das Geräusch des laufenden Fernsehers und vergewisserte mich mit einem Blick auf meine Uhr, dass ich mich tatsächlich erst vor fünf Minuten ins Bett gelegt hatte. Nun verstand ich den Sinn der Botschaft und eine ungeheure Freude überkam mich.

Am anderen Morgen tat ich genau das, was die Stimme zu mir gesagt hatte. Mein Onkel stand vom Bett auf – seine Augenlider waren noch schwer vom Schlaf – und er unterschrieb, während er sich beklagte, dass er schon so früh geweckt worden war. Ich eilte sofort danach überglücklich zum Pfarrbüro, um mein unterschriebenes Blatt Papier abzugeben. Als ich vom Unterricht zurückkam, fragte mich mein Onkel, ob er mein Papier unterschrieben habe: »Ja«, erwiderte ich, worauf er antwortete: »Ich habe mit dem Ganzen nichts zu tun.«

Während der Vorbereitungen auf das Fest am Vorabend meiner Taufe bemerkte der Priester, dass ich noch keinen christlichen Namen ausgewählt hatte. Er bat mich, einen auszusuchen. Ich hatte keinerlei Idee. Dann fragte ich die Frau meines Onkels, Solange Sawadogo, um Rat, die ohne langes Nachdenken zu mir sagte: »Nimm Adrien. Dieser Name gefällt mir.« Und so sollte es sein. Ich empfing also die Taufe am 28. Mai 1992 in der Kirche von Banfora und aus Mamadou Sawadogo wurde Adrien Mamadou Sawadogo.

Ich spürte damals schon die Bürde, für diesen Glauben einzustehen, der der Tradition meiner muslimischen Familie widersprach, die ich bald wieder treffen würde, denn es war an der Zeit, in Urlaub zu meiner Familie nach Hause zu fahren. Tatsächlich sollte ich dort bald spüren, dass ich den Zorn meines Vaters und den meiner muslimischen Gemeinschaft von Kabadougou bis nach Daloa im Norden der Elfenbeinküste, wo mein Vater eine Kaffee- und eine Kakaoplantage betrieb, auf mich gezogen hatte.

II.2 Der berechtigte Zorn meiner muslimischen Brüder: Willst du etwa sagen, dass jeder Christ werden soll?

Am Tag der Ankunft bei meiner Familie setzte ich meine Gewohnheit fort, die seit jeher darin bestand, alles Nötige für die fünf täglichen Gebete vorzubereiten: Ich bereitete das Wasser für die Waschungen vor und den Platz für das Gebet. Mein Vater hatte den christlichen Rosenkranz bemerkt, den ich um den Hals trug, aber er hatte nichts gesagt. Er warf mir nur einen wütenden Blick zu. Doch als er bemerkte, dass ich meine Waschungen nicht vornahm, wies er mich von seinem Gebetsteppich aus sehr heftig zurecht und befahl mir, sie zu verrichten. Mit sehr viel Respekt sagte ich zu ihm: »Papa, ich bin

Christ geworden«; und er erhob seine Stimme und gab mir folgenden Befehl: »Und ich sage dir, dass du deine Waschungen vornehmen und zum Gebet kommen sollst.« Um nicht länger sein Gebet zu stören, nahm ich meinen Rosenkranz, entfernte mich ein wenig und fing an, den Rosenkranz zu beten, während mein Vater seine Gebete verrichtete. Da wurde er sehr wütend.

Angesichts meines guten Rufes und des guten Rufes meines Vaters und der ganzen Familie in Bezug auf die Ausübung des muslimischen Glaubens war meine Konversion zum christlichen Glauben schlichtweg unbegreiflich: Es war eine schwerwiegende Torheit, die völlig unerwartet kam. Für mich wie auch für meine Familie bedeutete dies eine große Schande.

Von jenem Tag an begann eine lange Zeit der Verfolgung und des Leidens sowohl für meine Familie als auch für mich. Durch den Vermittler meines Vaters und meiner muslimischen Gemeinschaft übte man Druck auf mich aus, nichts wurde ausgelassen: Beleidigungen, Drohungen, Einschüchterungen, Ablehnung und Ausgrenzung. Plötzlich hatte sich mein Status geändert: Vom geliebten Kind war ich zum schwarzen Schaf der Familie und der Gemeinschaft geworden. Und ich musste allein gegen alle standhalten.

Nur die Gewissheit, mit Jesus verbunden zu sein, gab mir im Innersten Halt. Die größte Wunde, die mir damals zugefügt wurde, war die Verstoßung meiner Mutter durch meinen Vater: Meine Mutter berichtete mir, dass meine muslimische Gemeinschaft, nachdem es ihr trotz des auf mich ausgeübten Drucks nicht gelungen war, mich zum Zurücknehmen meiner Entscheidung zu bewegen, meinem Vater geraten hatte, mich an meinem schwächsten Punkt zu »verletzen«, nämlich an der Liebe zu meiner Mutter, denn jeder wusste, wie sehr ich sie liebte.

Als meine Mutter zum ersten Mal verstoßen wurde, musste ich meinen Unterricht am Gymnasium unterbrechen und zu meiner Familie zurückkehren, um die Probleme zu lösen. Ich hatte nämlich von meinen Onkeln mütterlicherseits über meinen jüngeren Bruder die Nachricht erhalten, dass ich beschuldigt wurde, die Ursache dieses Leides meiner Mutter zu sein. Als ich daheim ankam, fand ich eine traurige und entzweite und sogar eine wütende Familie vor. Selbst meine jüngeren Brüder, die sich bis zu diesem Zeitpunkt aus Respekt mir gegenüber, ihrem älteren Bruder, ruhig verhalten hatten, waren aufgebracht. Sie zeigten dies, indem sie sichtbar auf Distanz zu mir gingen, um mich zu isolieren. Sie warfen mir vor, dass ich schuld sei an dem Ärger, dem Leid und dem Chaos, das unsere Familie nun erleiden musste. Meine Mutter war nicht da, denn sie hatte Zuflucht bei ihrem jüngeren Bruder gesucht, der weit entfernt von meiner Familie wohnte. Am Abend fragte ich dann meinen Vater, wo sich meine Mutter befinde und warum sie verstoßen worden sei. Er antwortete mir daraufhin, dass ich zum Islam zurückkehren müsste, falls ich meine Mutter hier bei der Familie wiedersehen wollte.

Da wurde mir klar, dass alles gut vorbereitet worden war: Er hatte bereits eine weiße Gandoura[6] für mich nähen lassen, denn wir befanden uns am Vorabend des »Schafsfestes«. Er verlangte also, dass ich sie überziehe und dass wir zwei gemeinsam zum großen Gebet gehen sollten, wo die ganze muslimische Gemeinschaft dann seinen Sieg erkennen konnte. Ich konnte nichts anderes tun, als seinem Befehl zu gehorchen, denn ich konnte es nicht länger ertragen, meine Mutter leiden zu sehen.

Doch nahm ich meinen Rosenkranz, legte ihn mir um den Hals und ließ ihn unter die Gandoura gleiten, wobei ich zum Herrn mit folgenden

---

[6] Das ist eine lange Tunika, die wir zum Gebet tragen.

Worten betete: »Herr, du weißt, wo mein Herz ist.« Dann stieg mein Vater zu mir auf den Rücksitz des Mofas und wir machten uns beide zusammen auf den Weg zum Gebet. Als man sah, dass wir gemeinsam zum großen Gebet kamen, trugen alle ein Lächeln auf den Lippen und beglückwünschten meinen Vater. Aber während des Gebets kam der Rosenkranz zum Vorschein, den ich unter der Gandoura verborgen hatte, schlug auf der Matte, auf der wir beteten, auf und begann, wie ein Pendel zu schwingen. Durch das Geräusch aufmerksam geworden, entdeckten nun alle, die sich rechts und links von uns befanden, den Rosenkranz. Sehr schnell wurde die Neuigkeit nach vorn und nach hinten weitergegeben, bis sie den Imam erreichte. Ich beschloss daher, mich ruhig hinzusetzen und mich nicht mehr zu verbeugen oder niederzuwerfen, das heißt, mich nicht mehr zu rühren.

In Wirklichkeit, auch wenn ich gelassen und ruhig war, erkannte ich in dem Vorfall Jesu Aufforderung, ihm treu zu bleiben, obwohl ich nicht wusste, ob ich mit dem Leben davonkommen würde oder nicht. Als ich am Ende des großen Gebetes den Platz überstürzt verließ, hörte ich den Imam zu meinem Vater sagen: »Issa, du weißt, was jetzt zu tun ist.« Dies bedeutete: »Du musst ihn beseitigen.« Da warf mein Vater mir einen zornigen Blick zu.

Als wir nach Hause zurückkamen, fand ich dort wieder meine Mutter vor, die zurückgekehrt war. Sie kniete nieder, die Augen voller Tränen, und bat mich, alles aufzugeben und zum Islam zurückzukehren, damit in der Familie wieder Friede und Ruhe einkehren könnte. Und ich, in Tränen aufgelöst, antwortete ihr: »Mutter, du wirst mit mir leiden müssen, ohne recht zu verstehen, warum, aber ich kann nichts anderes tun, als dem weiterhin nachzufolgen, dem ich jetzt schon folge.« Ganz überrascht wischte sie sich mit den Händen die Tränen ab und mit einem erstaunten Blick schaute sie mir direkt in die Augen und sagte: »Wenn du es tun musst, so tue es. Gott ist groß. Er wird für dich sorgen.«

Nach diesem Gedankenaustausch mit meiner Mutter ging ich zu meinem Vater, um ihn zu bitten, meine Mutter nicht in unsere Streitigkeiten zu verwickeln, denn mit zweiundzwanzig Jahren ist man wohl selbst für seine Taten verantwortlich. Er warf mir einen wütenden Blick zu und fragte mich: »Willst du etwa sagen, dass jeder Christ werden soll?« Diese Frage überraschte mich, doch als ich darüber nachdachte, kamen mir die folgenden Worte in den Sinn, die ich ihm zur Antwort gab: »Wenn das, was mir geschehen ist, euch nicht in irgendeiner Form geschieht, dann ist es besser, an dem festzuhalten, was ihr habt; andernfalls würdet ihr weder das eine noch das andere haben.«

Da verharrte er, als wäre er plötzlich in eine Welt eingetreten, in der er litt, mit starrem Blick, und ich konnte darin sein großes inneres Leid ablesen. Ich verstand das Leid meines Vaters sehr gut: Sein ältester Sohn, Stütze des familiären Zusammenhaltes und Hoffnung der Familie, lag vor seinen Augen im Sterben. Ich hätte ihm gern das Geheimnis meiner Konversion mitgeteilt in der Hoffnung, ihn damit von seinem Leid zu befreien. Zugleich wusste ich, dass in der Naturreligion und im muslimischen Glauben die Existenz böser Geister einen wichtigen Platz einnimmt. Wenn ich ihm also den Weg erklärt hätte, auf dem ich zum christlichen Glauben gekommen war, hätte er auf den Einfluss eines bösen Geistes geschlossen und sein ganzes Können darangesetzt und alles unternommen, um mich zurückzugewinnen und mich davon zu befreien.

Ich entschied mich deshalb, das Geheimnis für mich zu behalten und einen günstigeren Moment abzuwarten. Es war schwer für mich, ihn so leiden zu sehen. Für meinen Vater war es nämlich von großer Bedeutung, dass der Erstgeborene den Glauben der Vorfahren bewahren und an die Jüngeren weitergeben sollte. Niemand konnte verstehen, was geschehen war. Viele kamen zu dem Schluss, dass ich verrückt geworden war. An dem Tag, als mein Vater mir tränenüberströmt direkt in die Augen sah und zu mir sagte: »Du hast mir meine ganze Hoffnung zerstört«, hatte ich keine andere Antwort als Tränen. Am schwersten war es, mich entweder für meine Familie oder für meinen christlichen Glauben entscheiden zu müssen. Die anderen schlechten Behandlungen, die ich über mich ergehen lassen musste, waren mir nicht so schwer zu ertragen wie diese Wahl zwischen meiner Familie und meinem christlichen Glauben. Und das Allerschwerste waren die flehentlichen Bitten meiner Mutter, die darum kämpfte, ihr Zuhause zu retten, das sie schon einmal verloren hatte. Davon war sie immer noch mit Narben gezeichnet.

Nach meiner Taufe und diesen ersten sehr aufregenden Begegnungen mit meiner Familie nahm ich, als ich nach Burkina zurückkam, wo ich das Gymnasium besuchte, wieder an den Glaubenskursen teil. Meine Mutter war in der

Familie geblieben. Aber mein Vater hatte mir klar mitgeteilt, dass ich mich zwischen meiner Familie und meinem christlichen Glauben entscheiden müsste und dass ich nicht mehr sein Kind wäre, falls ich weiterhin Christ bliebe. Und ich entschloss mich damals mit großem Schmerz, der scharf war wie ein ins Herz gestoßenes Schwert, meinen Weg fortzusetzen. So nahm ich weiterhin an den Katechesen teil, um mich auf den Empfang der Firmung vorzubereiten.

II.3 Der Tag meiner Firmung: der Ruf zu einem Leben als Missionar und zusätzlich zum Priestertum

An jenem Tag wurden bei der Messe, die der damalige Generalvikar zelebrierte, die Worte »Darum geht zu allen Völkern und macht alle Menschen zu meinen Jüngern« aus dem Evangelium vorgelesen. Dies erinnerte mich an die Worte, die Jesus mir vor dem Jugendzentrum gesagt hatte: »Du wirst so sein ›wie er‹«; und Pater Gilles war bei dieser Messe ebenfalls anwesend. Ich spürte diesen Ruf Jesu erneut so stark, dass ich das Ende der Feier herbeisehnte, um mit Pater Gilles reden zu können.

Nach dem Ende der Messe drängte ich mich durch die ganze Menge und wartete unauffällig, bis Pater Gilles allein war, um auf ihn zuzugehen. Er bemerkte, dass ich ihm folgte, und er stellte mir die Frage: »Was suchst du?« Und ich antwortete schüchtern, indem ich ihm direkt in die Augen blickte: »Ich möchte ›wie Sie‹ sein.« – »Kennst du mich denn?«, fügte er hinzu und ich antwortete: »Nein, aber ich weiß, dass ich ›wie Sie‹ werden muss.«

Nachdem er mich eine Minute lang schweigend angesehen hatte, lud er mich ein, ihm ins Pfarrbüro zu folgen, wo er mich Platz nehmen ließ. Er ging in sein Zimmer, von wo er mit einer Reihe von Büchern zurückkam, die er mir mit den Worten übergab: »Lies diese hier in Ruhe und wenn du wirklich interessiert bist, komm wieder vorbei.« Ich nahm also die Bücher, ganz glücklich, aber ohne viel davon zu verstehen, und ging nach Hause. Es waren Bücher über Kardinal Charles Martial Allemand Lavigerie, den Gründer der Gesellschaft der Afrikamissionare und der Missionsschwestern Unserer Lieben Frau von Afrika. Diese Bücher enthielten eine Seite, auf der ein Foto von Missionaren abgebildet war, die im afrikanischen Regenwald ermordet worden waren. Darunter stand die Bildunterschrift: »Diese Männer haben ihr Leben hingegeben, um Christus nach Afrika zu bringen. Möchtest du dich ihnen anschließen?«

Wie ein Licht, das plötzlich den Weg in der Dunkelheit beleuchtet, begriff ich, klappte das Buch zu, nahm es zusammen mit den anderen, auch denjenigen, die ich noch nicht gelesen hatte, und ging rasch zum Pfarrbüro, um dort Pater Gilles zu treffen. Ich sagte zu ihm, indem ich ihm die Bücher hinhielt: »Ja, ja, genau so muss ich werden.« Ganz überrascht und verblüfft sah er mich an und ich konnte in seinen Augen viele Fragen lesen.

Und in der Tat bat er mich, einfach wieder nach Hause zu gehen und zu warten, bis er mich rufen würde; und das tat ich auch. Danach sah ich ihn einmal im Städtischen Gymnasium von Banfora, das ich besuchte, und ein zweites Mal, als er aus dem Hause meines Onkels Daniel kam, wo ich wohnte. Ich wusste dies nicht zu deuten bis zu dem Tag, als er mich rufen ließ und mich bat, mich neben ihn zu setzen. Er bekannte, dass er eine Untersuchung zur Überprüfung meiner psychischen Gesundheit durchgeführt hatte, ohne etwas Anormales zu finden. Jetzt wollte er nur noch herausfinden und verstehen, welches meine Beweggründe waren. »Was ist in deinem Leben geschehen?«, fragte er mich plötzlich.

Überrumpelt zuckte ich auf meinem Stuhl zusammen, schaute ihm direkt in die Augen und flüsterte vor mich hin: »Bis jetzt habe ich es geschafft, das Geheimnis zu bewahren. Soll ich es ihm erzählen? Was wird er davon halten? Und überdies ist er ein ›Weißer‹[7]; wird er es verstehen?« Er schien meine Sorge zu verstehen und beruhigte mich mit den Worten: »Du kannst mir vertrauen.« Nun schwanden meine Befürchtungen und ich antwortete ihm vertrauensvoll: »Einverstanden!« Dann erzählte ich ihm das ganze Geschehen, ausgehend von der Begegnung mit der Person, die in strahlendstem Weiß gekleidet war, bis zu dem Tag, an dem ich ihm die Bücher zurückgebracht hatte. Danach verblieb er mindestens dreißig Minuten in tiefem Schweigen und ich fragte mich, was in ihm vorging. Schließlich sagte er zu mir: »Es ist in Ordnung, geh nach Hause, du bist aufrichtig.«

---

[7] So sagte man damals, um den großen kulturellen Unterschied auszudrücken, der zwischen der Welt Europas und Schwarzafrikas besteht. Es ist auch ein psychologischer Unterschied, der das gegenseitige Verständnis oft erschwert.

Eines Tages ließ er mich dann rufen und stellte mich dem Priester, der für die Berufungen in der Gesellschaft der Afrikamissionare zuständig war, vor. Bei meiner Ankunft im Pfarrbüro wurde ich Zeuge einer heftigen Debatte zwischen Pater Gilles und Pater Calvo auf der einen Seite und dem Berufungsverantwortlichen auf der anderen Seite. Der Letztere war der Meinung, dass der Zeitraum zwischen meiner Konversion und dem Zeitpunkt meiner Berufung zu kurz wäre, um von einer echten Berufung ausgehen zu können. Als er sich jedoch mit mir unterhalten hatte, war er bereit, mich in die Gruppe der Kandidaten für das Leben als Afrikamissionar aufzunehmen. So begann mein Weg zum apostolischen Leben und zum Priestertum.

Als ich dann nach Hause kam, informierte ich meinen Onkel Daniel über meine Absicht, Afrikamissionar und Priester zu werden. Ganz überrascht antwortete er: »Nun denn, du schaltest ja direkt vom ersten in den vierten Gang!«

Er hatte recht; und ich sollte sehr schnell den Widerstand meiner ganzen Familie hervorrufen. Jeder hatte seine eigenen Gründe, gegen meine Entscheidung zu sein. Für meinen Vater war das natürlich das letzte Zeichen eines endgültigen Verlustes und einer großen Not. Für meine

Onkel mütterlicherseits bedeutete dies, dass ihre Hoffnung auf das Fortdauern des Familienclans zusammenbrach, und meine Brüder und Cousins waren wütend, weil sie die Hoffnung auf diesen großen Bruder, auf den sie zählten, damit er sie materiell unterstützte, plötzlich für immer schwinden sahen.

Ich fühlte mich also sehr allein und es gab da einen Moment, an dem ich es nicht mehr ertragen konnte. Niedergedrückt vom Gewicht dieser Bürde flüchtete ich tränenüberströmt in die Kirche, um Jesus im Allerheiligsten Sakrament zu begegnen. Ich verblieb vor dem Tabernakel, mit Tränen in den Augen, und betete: »Herr, du weißt, dass ich überzeugt bin, dass du hier gegenwärtig bist; und du weißt, warum ich zu dir gekommen bin: Ich habe genug davon, ich kann nicht mehr. Wenn du willst, dass ich ›wie er‹ werde, warum dann all dieses Leid um mich herum? Ich möchte nur wissen, ob ›diese Geschichte, Missionar und Priester zu werden‹, von dir stammt oder ob dies nur eine Erfindung meiner Fantasie oder meine eigenen Träumereien sind? Wenn ich von hier weggehe, ohne ein Zeichen von dir empfangen zu haben, werde ich mit allem aufhören, und zwar sofort, damit der Friede wieder in meiner Familie einkehrt, und dann werde ich mein Studium fortsetzen.«

Mein Gebet war aufrichtig und ich habe mich sehr eindringlich ausgedrückt, denn ich war wirklich am Ende meiner Kräfte. Nachdem ich dieses Gebet verrichtet hatte, setzte ich mich still vor das Allerheiligste Sakrament. Plötzlich tauchte ich in eine tiefe Stille ein, obwohl die Kirche von Banfora direkt an einer lauten Straße liegt: Ich hörte nichts mehr. Und mitten aus dieser Stille meldete sich von Neuem die Stimme: »Weshalb kümmerst du dich darum? Das ist meine Sache, lass mich dafür Sorge tragen.« Diese Worte wurden dreimal wiederholt und beim dritten Mal schreckte ich auf, als ob ich plötzlich aus einem tiefen Schlaf erwacht wäre, und sagte mit hocherhobenen Händen: »Ah, gut! Ah, gut! Dann ist es umso besser! Dann ist es umso besser!« Als ich noch so vor mich hin redete, sagte mir eine innere Stimme: »Schau hinter dich!« Instinktiv drehte ich mich um und erblickte vier oder fünf Frauen, die hinter mir den Rosenkranz beteten, und alle hatten den Blick auf mich geheftet. Da drehte ich mich wieder um, voller Scham, denn ich ging davon aus, dass sie mich bestimmt gehört hatten. Da sagte die innere Stimme zu mir: »Du siehst, dass du nicht geträumt hast; du tust gut daran, darauf zu hören.« Da erfüllte mich eine ungeheure Freude, eine Freude, die mich nie mehr verlassen hat, nicht einmal in den schwierigsten Momenten meines Lebens. Ich kehrte also nach Hause zurück, voller Freude und mehr denn je entschlossen, Jesus mit vollem Vertrauen zu folgen, dorthin, wohin er mich führen würde.

Zwei Jahre später, im Jahr 1995, musste ich zum Grundstudium der philosophischen Ausbildung der Afrikamissionare nach Ouagadougou. Dieses Mal machte sich der Rektor der Bildungsstätte über die Schnelligkeit meines Weges Sorgen. Er bat mich daher, zunächst ein Studienjahr an der Universität zu absolvieren. Deshalb schrieb ich mich für Rechtswissenschaft ein, entgegen meinem Plan, Medizin zu studieren und Arzt zu werden. Doch wusste ich, dass ich in Rechtswissenschaft in einem Jahr mehr neue Dinge lernen würde als in Medizin, denn ich hatte auf dem Gymnasium den Leistungskurs D belegt, der Mathematik und Naturwissenschaften beinhaltete. Kurz vor dem Abschluss dieses akademischen Jahres ließ mich der Rektor rufen und forderte mich auf, meine Wahl zu treffen: zwischen dem ersten Ausbildungszyklus bei den Afrikamissionaren oder dem Verzicht darauf. Für mich war die Entscheidung schon gefallen:

Ich verließ die Universität und begann 1996 mit dem ersten Ausbildungsabschnitt bei den Afrikamissionaren in Kossoghen.[8] Am Tag vor dem Beginn meiner Grundausbildung erhielt ich einen Brief von meinem Vater, der mir von Neuem mitteilte, dass ich nicht mehr zur Familie gehören würde, wenn ich diesen Glaubensweg weiterverfolgen sollte. Außerdem hätte ich keine Berechtigung, mich seinem Leichnam zu nähern, falls er sterben sollte, trotz der Tatsache, dass ich der erstgeborene Sohn war. Dieser Brief erfüllte mich mit großer Traurigkeit. Ich konnte die Mahlzeit, die vor mir stand, nicht mehr zu Ende essen. Auf einmal klingelte das Telefon. Ich war gerade bei einer mit meinem Onkel Daniel sehr gut befreundeten Familie, Lucie und François Ouédraogo, in La Patte d'Oie[9] zu Besuch. Ihr zweitältester Sohn Roger eilte zum Telefon und kam nach einer Minute ganz überrascht zu zurück und sagte zu mir: »Der Anruf ist für dich; es ist Professor Laurent Bado.«

Laurent Bado war mein Professor in Verfassungsrecht an der Fakultät gewesen und ich war sehr erstaunt über seinen Telefonanruf. Ange-

---

[8] Kossoghen ist der Name eines Viertels in Ouagadougou.
[9] La Patte d'Oie ist ebenfalls ein Viertel von Ouagadougou.

sichts der etwa dreitausend Studenten, die zur Fakultät gehörten, fragte ich mich, wie er mich kennen konnte, denn ich hatte außer den Fragen, die ich ihm im Kurs gestellt hatte, nie einen persönlichen Kontakt mit ihm gehabt. Tatsächlich stellte er sich mir vor mit den Worten: »Ich bin Professor Laurent Bado. Ich weiß, dass du mich nicht näher kennst und ich dich auch nicht, aber ich bin ein gläubiger Mann, der an Jesus glaubt, und ich habe erfahren, dass du Schwierigkeiten hast mit deinem Berufungsweg. Ich habe diese Botschaft des Herrn für dich erhalten. Der Herr sagt dir: ›Der, der seinen Vater und seine Mutter mehr liebt als mich, ist meiner nicht würdig‹«, und er fügte hinzu: »Du wirst mehr aus dem Inneren der Kirche erleiden müssen als von außen.« Er schloss mit den Worten: »Nun habe ich dir das mitgeteilt, was ich dir mitteilen musste. Hab' Mut!« Und er legte auf.

Mit diesen sowohl überraschenden als auch sehr klaren Worten begann ich im September 1996 den ersten Ausbildungsabschnitt bei den Afrikamissionaren. Die Unruhe und Bedrängnis in meiner Familie verstärkte sich und weitete sich auf die Großfamilie aus, nachdem diese von meiner Entscheidung erfahren hatte. Ich musste ein weiteres Mal eine innere Prüfung bestehen, nämlich jene, zu akzeptieren, dass ich weder von meinen Eltern noch von meiner Gemeinschaft verstanden wurde.

Mithilfe meines inneren Führers hatte ich nun begriffen, dass, wenn das, was mir widerfahren ist, einem meiner Brüder oder einer meiner Schwestern widerfahren wäre, ich genau auf die gleiche Weise reagiert hätte, wie es nun meine Eltern und meine Gemeinschaft taten. Mein Entschluss wurde von meiner Familie, vor allen Dingen auch von meinen Onkeln mütterlicherseits, wie ein »Dolchstoß« empfunden, da die Abstammungslinie des Familienclans über den Erstgeborenen meiner Mutter aufrechterhalten bleiben musste, und der Weg, den ich eingeschlagen hatte, führte mich als Priester und als Missionar zum zölibatären Leben und somit konnte mit keiner Nachkommenschaft gerechnet werden.

So waren es jetzt meine Onkel mütterlicherseits, die Druck auf mich ausübten, damit ich dieses Vorhaben aufgeben sollte. Sie ließen mich durch meinen Großonkel väterlicherseits herbeirufen, der mich über ihre Nachricht informierte, die mir zu verstehen gab, dass ich dafür zuständig sei, ein Versprechen einzuhalten, das mein Vater gegeben hatte und das nur der Erstgeborene einhalten konnte, indem er das versprochene

Opfer im Heiligtum meiner Onkel mütterlicherseits darbringen würde. Ich erklärte meinem Onkel, dass ich keines der derartigen Opfer mehr darbringen könnte, und ich schlug vor, sie sollten einen meiner jüngeren Brüder fragen, dies an meiner Stelle zu tun. Er versprach mir, sich mit meinen Onkeln mütterlicherseits zu beraten. Ich verabschiedete mich von ihm und setzte meine Ausbildung fort. Einige Wochen später ließ er mich mit Nachdruck und in Eile von Neuem rufen. Ich musste erneut eine Erlaubnis des Rektors des Ausbildungszentrums einholen, um diesem dringenden Appell der Großfamilie Folge zu leisten. Er stimmte zu, denn er wusste, dass ich ernste Probleme mit meiner Familie hatte. Ich reiste also ab, um sie in ihrem Dorf zu treffen.

II.4 Der berechtigte Zorn meiner Eltern, die die Religion meiner Vorfahren praktizierten: Willst du sagen, dass alles, was unsere Väter getan und uns überliefert haben, nichts taugt?

Als ich im Dorf ankam, wurde mir der Ernst der Lage bewusst. Mein Großonkel informierte mich, dass ein Rat der Weisen gebildet worden war, der am nächsten Tag zusammenkommen würde und gegenüber dem ich mich rechtfertigen müsste. Ich verbrachte die Nacht damit, Jesus, den Herrn, zu bitten, mich bei der Befragung durch diesen Rat der Weisen zu leiten.

Am folgenden Tag stellte mich mein Großonkel väterlicherseits sodann den Onkeln mütterlicherseits vor, die mir die erhobene Anklage mitteilten: Würde ich mich weigern, dieses Opfer darzubringen, würden sich die Geister des Familienclans erzürnen und ich würde die Verantwortung für das Aussterben der Familie tragen. Der Hohepriester der Familie mütterlicherseits hatte so gesprochen. Als mein Großonkel aufgehört hatte, auf mich einzureden, fragte er mich: »Hast du verstanden, was der Hohepriester zu dir sagte?« Ich antwortete mit »Ja«. Daraufhin fragte er: »Also, was sagst du dazu?« Und alle richteten ihren Blick auf mich. Ich antwortete meinem Großonkel, dass ich diese Opfer nicht mehr darbringen könnte. Da schrie der Hohepriester auf: »Willst du sagen, dass alles, was unsere Väter getan und uns überliefert haben, nichts taugt?« Ich antwortete sofort: »Oh, nein, das habe ich nicht gesagt und das will ich auch nicht sagen, denn ich bin ein Erbe dieser Tradition, in die ihr mich eingeführt habt und die ich praktiziert habe, wie ihr alle bezeugen könnt. Ich habe es erlebt und ich weiß, dass unsere Opfer etwas Schönes und Gutes zum Ausdruck bringen, aber ich sage nur, dass ich sie nicht mehr darbringen kann.« Er geriet außer sich vor Wut. An seiner Seite stand ein kleiner Junge, der ihm half, und er machte diesem ein Zeichen, dass er ihm das Huhn, das er hielt, geben sollte, um das Opfer darzubringen, das mich zum alleinigen Verantwortlichen für den Zorn der Geister des Familienclans erklären würde. Da rief mein Groß-onkel aus: »Wartet einen Augenblick!«

Tatsächlich hatten nämlich alle im Dorf Angst vor diesem Hohepriester, denn alles, was er sagte, traf ein, und nichts konnte seiner Wut entrinnen. Sodann wandte sich mein Großonkel an mich und sagte: »Sohn, niemand stützt sich auf die Leere.« Gerade in diesem Moment leuchtete es in mir gleichsam wie ein Licht auf und ich antwortete ihm selbstbewusst und mit einem Lächeln auf den Lippen: »Ja, Onkel, du hast recht; aber ich stütze mich nicht auf die Leere, denn derjenige, dem ich begegnet bin, ist es, auf den ich mich stütze.« Verwirrt konnte mein Onkel nur noch mit einigen Worten seiner Besorgnis Ausdruck verleihen. Der Hohepriester wurde dadurch nur noch wütender: »Man wird es schon sehen!«, das will heißen: Man wird sehen, ob derjenige, auf den du dich stützt, dich vor der Wut der Geister retten kann. Dann nahm er das Huhn und machte daraus die Opfergabe für die Geister des Familienclans, indem er sie bat, ihre Macht kundzutun und die entstandene Schande hinwegzunehmen. Für den Hohepriester war meine Weigerung in der Tat eine Schande. Nach dem Opfer gingen meine Onkel mütterlicherseits nach Hause und ich nahm Abschied von meiner Familie, die im Dorf geblieben war, und kehrte sodann zum Ausbildungszentrum der Afrika-missionare zurück.

Als ich dem Rektor Bericht erstattet hatte, sagte er zu mir: »Aber warum hast du ihnen das Opfer nicht dargebracht, um deine Ruhe zu haben?« Ich antwortete ihm: »Es ging nicht nur um die einfache Frage, etwas zu tun, damit es getan ist. Ich musste meiner Verpflichtung in der Nachfolge Jesu treu bleiben.« In der darauffolgenden Woche bekam ich viele Anrufe von Mitgliedern meiner Familie, die mich baten, ins Dorf zurückzukehren, um Entschuldigung zu bitten und die verlangten Opfer darzubringen, denn der Hohepriester hatte verfügt, dass ich am 16. Juli 1998 sterben würde, falls dies nicht geschähe. Ich beruhigte sie und sagte zu ihnen: »Beunruhigt

euch nicht, ich werde am 17. Juli zu euch kommen.« Danach ging ich in die Kapelle und sagte
zu unserem Herrn Jesus: »Ich bin dein, mach mit
mir, was du willst; sein Wort steht gegen deinen
Willen.« Am 17. Juli nahm ich mein Mofa und
fuhr zum Dorf. Als ich ankam, bemerkte ich,
dass mich alle erstaunt anblickten, bis ich meine
Familie erreicht hatte, und keiner wandte sich
von mir ab, als ich grüßte. Ich setzte mich neben
meinen Großonkel, der ganz glücklich war, mich
wiederzusehen. Als wir gerade Neuigkeiten aus-
tauschten, kam ein alter Mann am Hof meiner
Familie vorbei, blieb vor uns stehen, auf seinen
Stock gestützt, und sagte in Mooré[10]: »Hm! Das
bedeutet gar nichts, aber man darf ihn nicht berühren.«

Es war Abend, die ganze Familie war auf dem
Hof versammelt und alle hatten ihre Augen auf
den alten Mann gerichtet. Da fragte ich meinen
Großonkel: »Was will er sagen?« Er antwortete
mir eilig: »Oh! Das ist ein Säufer, lass ihn!« Als
ich aber einen raschen Blick auf die Frauen warf,
sah ich, dass sie über die Antwort meines Onkels
überrascht waren.

---

[10] Mooré ist meine Muttersprache.

Da sich unsere Blicke trafen und sie verstanden, dass ich begriffen hatte, dass eine Botschaft in den Worten des alten Mannes lag, verschwanden alle in ihren Hütten. Deshalb wartete ich, bis es dunkel geworden war, um meine Großmutter[11] aufzusuchen. Sofort begriff sie, dass ich die Wahrheit wissen wollte. Sie stand auf, streckte ihren Kopf aus ihrer Hütte, um sich zu vergewissern, dass niemand hinter der Tür zuhörte, und danach sagte sie zu mir: »Diejenigen, die vier Augen haben, sagen, dass jene, die man Christen nennt und die wie du ihr ganzes Leben dem übergeben haben, den sie Jesus nennen, wie durch ein großes, undurchdringliches Feuer beschützt werden, wenn man ihnen etwas Böses antun will.« Sie fügte hinzu: »Das hat sich bei dir erfüllt.« Da erfuhr ich, dass der Hohepriester, der meinen Tod für den 16. Juli vorausgesagt hatte, an ebendiesem Tag gestorben war. Von diesem Tag an beruhigten sich die Dinge in meiner großen Familie. Man ließ mich jedoch nicht vollkommen unbehelligt meinen Weg verfolgen, denn bis auf den heutigen Tag ist es immer wieder augenscheinlich: Meine Onkel mütterlicherseits

---

[11] Hier spreche ich von der ältesten der Frauen meines Großonkels.

können die Tatsache nicht akzeptieren, dass ich zölibatär lebe. Einer von ihnen sagte mir sogar einmal: »Wenn du allein leben willst, ist das deine Sache; aber gib uns ein Kind, bevor du weggehst.« Da ich diesen Wunsch nicht erfüllen konnte, blieb die Missbilligung bestehen. Aber meine große Familie widersetzt sich seither meiner Wahl des Glaubensweges nicht mehr. Was die muslimische Gemeinschaft betrifft, haben sie mit mir noch nicht abgeschlossen.

II.5 Eine neue Prüfung

Im Jahr 1999 wurde mir mitgeteilt, dass ich nach Tansania gesandt werden sollte, um dort bei den Afrikamissionaren mein geistliches Jahr zu absolvieren. Die Abreise war für meine Familie tatsächlich ein großer Schock. Alle muslimischen Freunde meines Vaters riefen entrüstet aus: »Wenn du deinen Sohn diesen Christen überlässt, wirst du ihn nie mehr zurückbekommen.« Es wurde der Versuch unternommen, mich nach Hause zurückzubringen, und um dies zu erreichen, wurde meine Mutter erneut verstoßen. Und dieses Mal musste sie die Elfenbeinküste verlassen, um in ihr Heimatdorf zurückzukehren. Das war eine große Prüfung für sie, denn in unserer traditionellen Gesellschaft kann eine Frau, die man in ihr Dorf zurückschickt, dazu nur gezwungen werden, wenn sie sich schwerer Vergehen schuldig gemacht hat, wie zum Beispiel der Ausübung der Hexerei.

Niemand hatte mich über ihre Verstoßung informiert, aber meine große Vertrautheit mit meiner Mutter brachte es mit sich, das Leid des anderen zu spüren. Ich schrieb Briefe, um das Neueste aus der Familie zu erfahren, doch sie wurden nicht beantwortet.

Da ich mich im geistlichen Jahr befand, in welchem Ablenkungen von außen nicht erwünscht waren, musste ich dessen Ende abwarten. Als es schließlich zu Ende war, sollte ich zu einem zweijährigen Missionspraktikum nach Sambia gesandt werden. Doch zuvor telefonierte ich mit meinem Onkel Daniel, der mir zunächst versicherte, dass es Mama sehr gut ginge. Doch dann, als ich ihn wissen ließ, dass ich spürte, wie sie litt, sagte er mir, dass sie von meinem Vater verstoßen worden war und bei meinem Großonkel im Dorf untergekommen sei. Ich machte mir große Sorgen um meine Mutter, denn ich kannte die Umstände sehr gut, in denen sie mit dieser Demütigung leben musste. Ich betete dafür, dass sie dies noch zwei Jahre lang durchhalten konnte, bis ich in den Ferien nach Hause kommen durfte. Ich kam dann auf die Idee, ihr all meine Fotos zu schicken, damit sie sie als »fühlbares Zeichen« meiner Gegenwart bei sich hatte und daraus bis zu meiner Rückkehr Hoffnung schöpfen konnte.

Tatsächlich fand ich meine Mutter nach meiner Rückkehr aus Sambia körperlich sehr geschwächt vor. Sie war noch mehr darüber beunruhigt, dass ich stark abgemagert zurückkam. Nachdem sie sich mir gegenübergesetzt hatte, fragte sie mich: »Bist du krank?« – »Nein!«, antwortete ich, und sie fragte nochmals: »Warst du krank?« Und wieder antwortete ich mit Nein; dann fuhr sie fort: »Bist du glücklich?« Ich lachte sie an und antwortete: »Ja, meine liebe Mutter!« Ich bemerkte deutlich, dass sie sich Sorgen machte, und deshalb fügte ich hinzu: »Mutter, ich bin einfach nur sehr müde.« Da erzählte sie mir, dass sie dank einer ihrer Schwestern es geschafft hatte, bis zum Eintreffen meiner Fotos auszuhalten. Sie war nahe daran gewesen, Selbstmord zu begehen. Glücklicherweise stand ihr damals ihre Schwester bei, die sie unterstützte. Als sie dann meine Fotos erhielt, sah sie wieder einen Grund weiterzuleben. Ich dankte dem

Herrn Jesus dafür, dass meine Mutter noch am Leben war und ich sie wiedersehen durfte. Ich fragte sie, wie es in ihrem Leben weitergehen sollte, was sie aus ihrem Leben machen wollte, und sie bat mich daraufhin, für sie einen Platz zu finden, wo sie in Frieden leben könnte.

So fragte ich meinen Großonkel um Rat. Er sagte mir, dass meine Mutter sich nichts habe zuschulden kommen lassen und dass es deshalb nicht möglich sei, sie zu ihrer Familie zurückzuschicken. Aus diesem Grund sei er bereit, Mama bei sich in der Großfamilie zu behalten. Er brauche jedoch die Unterstützung ihrer Kinder, um für sie sorgen zu können, da er selbst eine sehr große Familie habe. Seine Worte machten mich sehr glücklich und ich verpflichtete mich sofort, für eine kleine Wohnstätte für meine Mutter zu sorgen, wo sie frei leben konnte im Schoß der großen Familie, ebenfalls für alle Dinge, die sie für ihre Ernährung und für den Anbau von Pflanzen brauchen würde, um von den Früchten ihrer Arbeit zu leben. Das war damals wie der Beginn eines neuen Lebens für sie. Sie war darüber sehr glücklich.

Während des Urlaubs entschloss ich mich auch, meine muslimische Familie in der Elfenbeinküste zu besuchen. Alle waren erstaunt, als sie mich zurückkehren sahen, aber es gab keinerlei Austausch zwischen meinem Vater und mir. Er war sichtlich verlegen wegen meiner Anwesenheit, umso mehr, als ich mich jeden Sonntag, gekleidet in eine weiße Gandoura, aber dieses Mal mit einem großen schwarz-weißen Rosenkranz um den Hals[12], aufmachte, um mich nicht in die Moschee, sondern in die Kirche am Ort zu begeben. Zwangsläufig gab es darüber zahlreiche Bemerkungen, zumal mein Vater gerade von der Wallfahrt nach Mekka zurückgekehrt war. Während dieses kurzen Aufenthalts sprachen wir weder über Religion noch über die Verstoßung: Jeder von uns lebte seinen Glauben im Stillen und wir beide akzeptierten, dass zwischen uns eine gewisse Anspannung herrschte. Tatsächlich aß ich immer allein, im Gegensatz zu den gemeinsamen Mahlzeiten, die wir früher zusammen eingenommen hatten, als wir beide aus der gleichen Schüssel aßen.

Gegenüber den Bedürfnissen der einzelnen Personen der muslimischen Gemeinschaft war ich sehr achtsam. Alle sagten zu mir: »Du bist ein guter Junge, aber du musst zum Islam zurück-

_____

[12] Das ist der Rosenkranz der Afrikamissionare, den wir um den Hals tragen.

kehren.« Vor meiner Abfahrt nach Burkina, von wo aus ich zum Theologiestudium nach London fliegen sollte, machte ich die Runde bei den muslimischen Verwandten der Familie, um jedem Einzelnen Auf Wiedersehen zu sagen. Es gab darunter einige, die mich vor die Tür setzten, und andere, die mich empfingen, mir jedoch nur Vorhaltungen machten. Es gab sogar jemanden, der am Tag des Freitagsgebetes alle überraschte. Während nach dem Gebet alle draußen rund um die Moschee saßen und er mich vorübergehen sah, sagte er mit lauter Stimme zu meinem Vater: »Issa, sieh diesen Jungen an; wenn Gott existiert, muss Er dort sein, wo dieser Junge ist.« Alle waren schockiert, als sie diese Worte hörten. Mein Vater schwieg. Da erwiderte der Imam voller Zorn: »Was willst du damit sagen?« Und der Mann fuhr fort: »Seht, ich habe beobachtet, dass dieser Junge, den wir zurückgewiesen und abgelehnt haben, immer zu uns zurückkommt. Er liebt uns, er achtet auf unsere Bedürfnisse und nimmt Anteil an unseren Freuden und Leiden, obwohl wir ihn ausgeschlossen haben. Deshalb sage ich: ›Wenn Gott existiert, muss Er dort sein, wo dieser Junge ist.‹« Ein großes Schweigen war die Antwort aller, dann befahl ihm der Imam, den Platz zu verlassen. Unter diesen Umständen nahm ich Abschied von meiner Familie und der muslimischen Gemeinschaft und fuhr nach Burkina zurück, um mein Studium in London fortzusetzen.

III. KAPITEL

Der uns getrennt hat,
versöhnt uns

III.1 Das Wunder meiner Priesterweihe:
das Zeugnis meines Vaters

Nach dem Theologiestudium in London kehrte ich nach Burkina Faso zurück, um dort am 16. Juli 2005 die Priesterweihe zu empfangen. Viele waren zusammengekommen, denn die Kirchenfamilie hatte die Dinge in Banfora sehr gut vorbereitet. Viele fragten mich: »Wird dein Vater kommen?« Darauf konnte ich nur antworteten: »Nur ein Wunder kann meinen Vater zu meiner Priesterweihe herbringen«, und ich fügte allerdings zugleich hinzu: »Aber ich glaube an Wunder, denn mein eigener Weg ist ein Wunder.«

Als die Einzugsprozession begann, kam einer meiner Mitbrüder von den Afrikamissionaren auf mich zu und fragte: »Adrien, wo ist dein Vater? Ich bin mit meiner Kamera gekommen, um ein Foto von dir und deinem Vater zu machen.« Ich antwortete ihm: »Nur ein Wunder kann meinen Vater zu meiner Priesterweihe herbringen«, und ich fügte hinzu: »Der Herr weiß, wie glücklich ich wäre, wenn mein Vater hierherkäme, aber Er weiß auch, dass ich auch glücklich sein werde, selbst wenn mein Vater nicht kommt, da es seinem Willen entspricht, und ich weiß, wenn der Herr will, dass mein Vater zu dieser Priesterweihe kommt, dann ist es für ihn noch nicht zu spät, denn Er kann ihn jetzt immer noch kommen lassen.«

Kaum hatte ich dies gesagt, als der Zeremonienmeister ans Mikrofon eilte, um folgende Durchsage zu machen: »Der Onkel von Pater Adrien wird zum Kirchenportal gebeten, denn sein Vater ist gerade von der Elfenbeinküste eingetroffen.« Nun drückte die ganze versammelte Gemeinde ihre große Freude aus. Und mein Mitbruder, mit dem ich gerade noch gesprochen hatte, sagte tief bewegt zu mir: »Du und dein Gott!« Ich weiß nicht mehr genau, wie es in diesem Moment um meine Gefühle bestellt war. Ich glaube, ein großer Strom von Emotionen hatte mein Herz überschwemmt. Das schönste Geschenk zur Priesterweihe, das mir der Herr Jesus machte, war, als ich mich nach dem Weihegebet und der Auflegung der Hände zur versammelten Menge umdrehte, um die priesterlichen Gewänder anzuziehen, und meinen Vater erblickte, der ganz in Weiß gekleidet war in seinem Hadsch-Gewand und neben Mama saß, direkt vor meinen lieben Freunden Brigitte und Jean, die extra aus Frankreich angereist waren, und Margaret aus England, die mich bei diesem wichtigen und kostbaren Ereignis begleiten wollten.

Als die Weiheliturgie beendet war, umarmte ich zuerst meinen Onkel Daniel und seine Frau, während mein Vater diskret sitzen blieb. Eine andere liebe Freundin, Silvana, hatte die Idee, meinen Vater in seiner Bank aufzusuchen, damit er mitkomme, um mich zu umarmen. Und als er mich dann umarmte, sagte er ganz glücklich zu mir: »Mamadou!« Und meine Mutter, die ganz verloren dastand und nicht begriff, weshalb eine solche Menschenmenge sich rund um ihren Sohn und seine Gefährten versammelt hatte, sagte in Mooré ganz leise zu mir: »Herzlichen Glückwunsch!« Ich glaube, es war das erste Mal in meinem Leben, dass aus meinen Augen Freudentränen flossen. Das Wunder wurde aber umso mehr offenbar, als Bernadette, eine sehr nahestehende Freundin, den Mut hatte, meinen Vater zu fragen, warum er denn gekommen sei, da er mich doch zurückgewiesen und abgelehnt hatte.

Wir waren sehr neugierig, was er darauf antworten würde. Und er antwortete mit einem Lächeln: »Es ist wahr, dass er für mich nicht mehr zählte und dass ich seinen Weg nicht akzeptiert hatte. Aber das, was heute geschehen ist, ist eine Danksagung gegenüber dem allmächtigen Gott, denn ihr habt Gott verherrlicht. In dieser Sache gibt es ein Geheimnis: Diese Woche, während ich von all dem nichts wusste, geschah es, dass jedes Mal, wenn ich mich zur Ruhe niederlegen wollte, in mir so etwas wie eine starke Stimme zu hören war, die mich aufforderte, nach Burkina Faso zu fahren. Zunächst habe ich nicht darauf geachtet, aber diese Stimme wurde umso dringlicher, je mehr sich das Ende der Woche näherte. Und da ich ein Mann des Glaubens bin, der an die Zeichen Gottes glaubt, machte ich mich auf, um nach Burkina zu fahren, um zu sehen, wer mich da gerufen hatte. An dem Abend jedoch, an dem ich die Entscheidung getroffen hatte abzureisen, gebar eine meiner Schwiegertöchter ein Kind. Deshalb entschloss ich mich, die Reise zu verschieben, um zusammen mit meiner muslimischen Gemeinschaft bei der Zeremonie der Namensgebung für das Kind anwesend zu sein. Aber in derselben Nacht konnte ich nicht mehr schlafen, denn die Stimme bestand darauf, dass ich fahren sollte, und zwar sogleich am folgenden Tag. Ich war sicher, dass es da etwas Wichtiges gab, nur wusste ich nicht, was. Am darauffolgenden Tag ließ ich sofort meine muslimischen Brüder zusammenrufen, um den Ritus der Namensgebung vorzuverlegen. Noch am gleichen Abend verabschiedete ich mich von meiner Familie und fuhr los. Erst als ich dann in der Stadt angekommen war, habe ich von dem Ereignis erfahren. Ich war jedoch immer noch beunruhigt und deshalb rief ich meinen Sohn Hamidou an, um ihn nach seiner Meinung zu fragen, was wohl der Grund dieser Aufforderung gewesen sein könnte. Er sagte mir, dass im Dorf nichts Besonderes vorgefallen sei und dass das einzige wichtige Ereignis Mamadous Priesterweihe sei. Er fügte noch hinzu, dass es sich nicht lohnen würde, dorthin zu fahren, denn ich sei schon zu spät dran, weil die Reise wenigstens zwei Tage in Anspruch nehmen würde. Ich antwortete ihm jedoch, dass derjenige, dessen Wunsch es sei, dass ich dort sein sollte, dafür Sorge tragen würde, dass ich rechtzeitig dort eintreffen würde. In der Tat, als wir uns auf den Weg machten, der normalerweise mit zahlreichen Polizeibarrieren und Zollstellen übersät ist, schien er ganz ohne Hindernisse und wir waren sehr überrascht, dass wir bis zur Grenze nach Burkina überhaupt nicht aufgehalten wurden. Dies ist das Geheimnis, das es mir nun möglich machte, bei diesem Ereignis anwesend zu sein. Auch wenn ich nichts von dem verstehe, was geschehen ist, so weiß ich nun, dass der Allmächtige all das geführt hat, und ich sage ihm heute zusammen mit euch Dank.«

Der Grund, weshalb ich seine Worte nicht vergessen habe, liegt darin, dass sie die Erfüllung meiner Tage und Nächte des Gebetes waren, die darauf ausgerichtet waren, dass mein Vater eines Tages verstehen würde, dass ich nicht Christ, Missionar und Priester geworden bin aus Geringschätzung oder Hass gegenüber dem Islam oder meiner Familie, sondern dass ich es geworden bin durch die Hand des Allmächtigen, dem ich, schon als Muslim, mein ganzes Leben geweiht hatte. Es ist also billig und recht, dass ich dem Weg folge, auf den Er mich geführt hat.

Nach den verschiedenen Feierlichkeiten dieser Priesterweihe versöhnte sich mein Vater mit meiner Mutter. Er nahm sie mit und fuhr mit ihr ins Dorf, denn er wollte, dass sie sofort mit ihm wieder in die Elfenbeinküste zurückfahren sollte, doch meine Mutter war nicht dazu bereit. Sie erbat sich etwas Bedenkzeit und sagte schließlich

Meine Eltern bei der Priesterweihe.

zu meinem Vater: »Jetzt, da wir versöhnt sind, bin ich glücklich. Ich habe meine Familie wiedergefunden. Doch im Blick auf die Leiden, die ich in der Elfenbeinküste ertragen habe, glaube ich nicht, dass es eine gute Idee wäre, an den Ort zurückzukehren, wo ich sie erdulden musste, denn diejenigen, die Zeugen waren, würden mich immer daran erinnern, was ich erlitten habe. So würden die alten Wunden wieder aufreißen.« Und da Papa vier Frauen hat, beschlossen sie beide gemeinsam, dass Mama im Dorf bleiben sollte, um sich um einen Teil meiner Brüder und Schwestern zu kümmern, die wegen ihrer Studien wieder nach Burkina kommen würden.

Und so ist die Lage bis heute geblieben. Meine Familie hatte sich also endlich versöhnt, auch wenn es für meinen Vater noch dunkle Stellen in Bezug auf das Geheimnis Gottes gab, wie er in seinem Zeugnis gesagt hatte. Er musste sich in der Tat fragen, wie es zu verstehen sei, dass Gott, der mich zuerst dem Islam übergeben hatte, mich danach zum Christentum geführt hat.

III.2 Zur Verwunderung meines Großonkels: »Dieses Kind bedarf in keiner Weise deiner Opfer«

Jedes Mal, wenn ich in die Mission abreiste, sorgte ich dafür, dass ich noch vor dem Abschied von meiner Großfamilie zu meinem Großonkel sagte: »Du betest zu Gott, bete für mich!«

Im Jahr 2008, als ich aus Sambia in Urlaub zurückkam, ließ mich mein Großonkel wissen, dass er sich mit mir unterhalten wollte. Er führte mich in sein Zimmer und sagte zu mir: »Es gibt etwas, das mich beschäftigt und das ich verstehen möchte: Jedes Mal, wenn du zu deiner Mission aufbrichst, sprichst du immer, bevor du Abschied nimmst, die gleichen Worte zu mir: ›Du betest zu Gott, bete für mich!‹ Du weißt jedoch, wie wir es hier machen: Ich muss zunächst die Hell-seher[13] aufsuchen, um zu erfahren, um welche Anliegen es sich handelt, für die die Opfer dargebracht werden sollen. Jedoch beschäftigt mich die Sache deshalb, weil sie mir jedes Mal sagen, wenn ich dorthin gehe und um Rat frage, dass dieses Kind in keiner Weise meiner Opfer bedürfe. Deshalb möchte ich erfahren, was in deinem Leben geschehen ist.«

Er war der Erste in meiner Großfamilie, der von dem Geheimnis meiner Konversion erfuhr. Als ich ihm den Verlauf dieses Weges zu Ende erzählt hatte, erwiderte er: »Jetzt verstehe ich. Welch ein Geheimnis!« Seit jenem Tag ist er es, der mich bittet, für ihn und die ganze Familie zu beten. Und er besteht auf der Tatsache, dass wir alle den gleichen Gott haben, von dem alles herkommt.

---

[13] Vor jedem Opfer, das für die Anliegen einer Person dargebracht wird, befragt man die Hellseher, die die Gabe haben zu erkennen, welcher Art die Bedürfnisse der Person sind, für die man betet, und diese zu offenbaren. So erfährt man, wofür die Opfergabe dargebracht wird.

III.3 Das Zeugnis, das uns versöhnt hat: »Du hast also den Propheten Issa (Jesus) gesehen«

Mein Vater, zurückgekehrt vom Hadsch (der Pilgerfahrt nach Mekka).

Während der Zeiten, in denen mein Vater und meine Familie viel erleiden mussten, hatte ich immer darauf hingewiesen, dass ich ihnen nicht erzählen konnte, was in meinem Leben geschehen war, dass ich dies aber später zu gegebener Zeit tun würde. Dieser Moment kam 2011, sechs Jahre nach meiner Priesterweihe, als ich in Urlaub zu meiner Familie in die Elfenbeinküste zurückkehrte. Nachdem ich drei Wochen bei meinen Verwandten verbracht hatte, versammelte ich die ganze Familie am Abend vor meiner Abreise nach Burkina. Von dort sollte ich wieder nach Kairo fliegen, um ein dreijähriges Studium der Islamologie und der arabischen Sprache zu beginnen. Das erste Jahr sollte in Kairo absolviert werden, gefolgt von zwei Jahren der Vertiefung auf dem gleichen Gebiet am Päpstlichen Institut für Arabische und Islamische Studien (PISAI) in Rom. Mir war es wichtig, auch unsere Nachbarn einzuladen, denn ich war wieder bei meiner Familie, und darüber waren auch meine Freunde so glücklich wie ich selbst.

Als meine Mamas[14] ankündigten, dass das Mahl bereit sei, ergriff mein Vater das Wort, um anzukündigen, dass dieses Mahl auf meinen Wunsch hin stattfinde und dass es nun an mir sei, dem Ganzen seinen Sinn zu verleihen. Ich ergriff also das Wort, blickte meinem Vater in die Augen und begann: »Wir wissen alle, dass meine Lebenswahl viel Leid in unserer Familie verursacht hat. Ihr erinnert euch sicher daran, dass ich gesagt habe, dass ich euch eines Tages erklären werde, was geschehen ist. Nun, dieser Tag ist

---

[14] Hier spreche ich von den anderen Frauen meines Vaters.

jetzt endlich gekommen.« Dann begann ich mit meiner Erzählung, angefangen von der eigenartigen Begegnung mit jener strahlend weiß gekleideten Person bis zu all den Ereignissen in meinem bisherigen Leben. Es waren jetzt genau zwanzig Jahre, nachdem Jesus mir begegnet war. An jenem Abend haben wir alle das Essen vergessen.

Alle waren sehr aufmerksam und außerordentlich bewegt. Als ich meine Erzählung beendet hatte, entstand eine große Stille, die nur mein Vater mit seinen Worten durchbrach: »Du hast also den Propheten Issa [Jesus] gesehen! Denn er ist es, der in den Himmel gegangen ist und der von dort wiederkommen wird. Gott ist wirklich ein Geheimnis!«

Diese Worte hatten einen großen Überraschungseffekt auf mich. Ich konnte nur noch staunen über die Art und Weise, mit der mein Vater, ausgehend von meinem Zeugnis, meinen christlichen Glauben mit seinem muslimischen Glauben versöhnte dank des Inhalts seines Glaubens. Und das schönste Bild für diese Gemeinschaft des Glaubens wurde mir am nächsten Morgen geschenkt, als ich auf meine Mahlzeit wartete, denn bis zu diesem Zeitpunkt aß ich allein. Mein Vater lud mich nach seinem Gebet ein,

mit ihm gemeinsam aus derselben Schüssel zu essen, und es war nötig, dass er es dreimal wiederholte, bis ich mich schließlich zu seinem Tisch begab, um mit ihm zusammen das Mahl einzunehmen, denn ich wusste aufgrund meiner muslimischen Erziehung, dass ein Muslim, der nach Mekka gepilgert war, sich vor jedem Kontakt mit den Unreinen und Gottlosen hüten musste, zu denen ich durch meine Konversion gehörte. Er segnete also das Essen unter dem zufriedenen Blick meiner versammelten Familie und wir aßen wieder, wie Vater und Erstgeborener, aus der gleichen Schüssel.

Jener Abend damals, ein Abend des Zeugnisses und des Miteinanderteilens, hat meinen

Zugang zum »islamisch-christlichen Dialog« gleichsam geformt, dem Dialog, zu dem ich am Päpstlichen Institut für Arabische und Islamische Studien (PISAI) für die Gesellschaft der Afrikamissionare ausgebildet worden bin, deren Auftrag seit ihrer Gründung in Algerien im Jahre 1868 besonders darin besteht, den Dialog zwischen Christen und Muslimen zu fördern.

IV. KAPITEL

Christ und Apostel:
Beides bin ich

In den drei ersten Kapiteln habe ich über den Lebensabschnitt berichtet, der mich zu einem christlichen, priesterlichen und missionarischen Leben geführt hat, und ebenfalls die Schwierigkeiten erwähnt, denen ich begegnet bin und die sich zum Guten gefügt haben.

In diesem vierten Kapitel möchte ich schildern, was mich in meinem Glauben an Jesus auf diesem Weg bestärkt und mein Herz immer mehr für ein christliches, priesterliches und missionarisches Leben geöffnet hat, und zwar derart, dass ich entdeckte, dass Priester zu sein bedeutet, ein »anderer Christus« zu sein.

Es handelt sich um die wunderbare Entdeckung Jesu, der Offenbarung Gottes, und um einen mehr inneren Weg auf der Suche nach einem tief gehenden Erkennen desselben Jesus, um ihn schließlich in der ganzen Fülle persönlich zu erfahren und ihm im Zeugnis der Kirche zu dienen.

IV.1 Zwischen Rebellion und Annahme der göttlichen Gnade

Mein geistliches Erbe hat bei mir die Voraussetzungen zu einem Leben in Symbiose mit dem Heiligen geschaffen. Doch seit meiner Begegnung mit dieser Person, die in strahlendstem Weiß gekleidet war, die sich meinem Sein als Jesus selbst offenbart hatte, bekam diese Beziehung zum Heiligen auf einmal einen ursprünglichen und erschütternden Charakter. In meiner traditionell-religiösen muslimischen Bildung erschien mir dieser Jesus, den ich durch die Teilnahme an den christlichen Glaubenskursen und dem häufigen vertrauten Umgang mit den Evangelien kennengelernt hatte, als eine »Ungeheuerlichkeit«. Konnte dieser Jesus, das Wort des lebendigen Gottes, das Mensch geworden ist, in dem, wie der heilige Paulus in seinem Brief an die Kolosser sagt, die ganze Fülle der Gottheit wohnt[15], wirklich existieren? Der allmächtige Gott, der uns erschaffen hat, erhält und für uns sorgt, konnte Er sich derart erniedrigen? Konnte Er mit einem menschlichen Wesen wie mir in Verbin-

---

[15] »Denn in ihm allein wohnt wirklich die ganze Fülle Gottes« (Kol 2,9).

dung treten, um mich an seinem göttlichen Leben teilhaben zu lassen? Zweifellos war eine solch wunderbare Offenbarung für das Herz eines Muslims, wie es meines war, unvorstellbar und inakzeptabel. Dennoch hat mein Herz trotz dieser gut begreifbaren und sehr berechtigten inneren Rebellion die Wohltat einer aufrichtigen Öffnung und eines vollkommenen Vertrauens in diesen Jesus erfahren, den ich ja kennengelernt hatte und dessen wirkliche Gegenwart unleugbar war. Diesen Jesus in der Fülle seiner Identität aufzunehmen, machte mir keinerlei Schwierigkeiten, denn ich war ihm tatsächlich begegnet, und seither erfüllte mich seine Gegenwart. Gewiss, mein Herz, das noch von der muslimischen Erziehung geprägt war, weigerte sich, so wie es war, diesen Jesus der Evangelien anzunehmen, diesen Mensch gewordenen Gott, und doch hatte Er mich angesprochen. War derjenige, dem ich begegnet war, wirklich jener der Evangelien?

Dank innigen Gebetes und tiefer Betrachtung, mithilfe der Evangelien und auch geistlicher und konkreter Erfahrungen konnte ich die Wahrhaftigkeit dieses Jesus der Evangelien annehmen. Ich begriff, dass es nicht darum gehen kann, verstehen zu wollen, inwiefern diese Offenbarung wahr sein könnte. Es geht vielmehr darum, sie anzunehmen, um sie besser kennenzulernen und aus dieser Erkenntnis zu leben. So begann für mich ein Weg, der mich zu dem führen sollte, was ich gern die »vollkommene Gewissheit« nenne: sicher zu sein, dass dieser Jesus, dem ich begegnet bin, tatsächlich jener der Evangelien ist, und dass das Zeugnis dieser Evangelien ein unerschöpflicher Schatz für die ganze Menschheit ist. Ich möchte einige meiner geistlichen und pastoralen Erfahrungen schildern, die meinen christlichen Glauben auf jenen Fels gegründet haben, der Jesus Christus ist.

Zuallererst und vor allem anderen ist die Erfahrung im Gebet ein Moment des vertraulichen Gesprächs mit Jesus Christus, dem Lebendigen. Weil ich mir eine Menge Fragen zu den Evangelien und der Lehre der Kirche stellte, habe ich es mir zur Gewohnheit gemacht, die Antworten zu Füßen Jesu zu suchen, in der innigen Vertrautheit des Gebets. Und wenn ich in der Weise aufmerksam die Texte erforschte, kam es mir oft vor, als ob ich seine wirkliche Gegenwart spürte, die mich in den Schriften unterwies und sie mir erklärte. So hat sich mein Geist nach und nach für das Verständnis der Schriften geöffnet ohne den Einfluss irgendeiner anderen Person. Ich hatte mir auch angewöhnt, Filme anzusehen, die von Jesus von Nazareth handelten, und in ihnen aufmerksam die Details des Lebens Jesu zu durchforschen. Diese sehr innigen Momente zwischen mir und meinem Herrn haben meine persönliche Beziehung zu Jesus genährt, ihm, dem ich begegnet bin und den ich in den Evangelien immer mehr wiederfinde.

Durch diese ganz persönliche Beziehung habe ich einen Jesus entdeckt, der jedem von uns nahe ist und mir, so wie ich bin, vertraut ist: Er ist eine wirkliche Gegenwart in meinem Leben, der mich hört, mir rät, mich leitet und nunmehr durch mich handelt. Viele Erfahrungen veranschaulichen seine Wirklichkeit, so etwa eine Erfahrung, die ich eines Tages im Gebietskrankenhaus von Banfora machte. Dorthin hatte ich meine Cousine Felicité zum Zahnarzt gebracht. Die Zahnarztpraxis befand sich nur ein paar Schritte von der Notfallaufnahme entfernt. Dort lieferte man gerade ein kleines sterbendes Kind ein. Ich konnte die ganze Unterhaltung der Ärzte mitverfolgen. Es fällt mir schwer, andere Menschen leiden zu sehen, und deshalb fühlte ich mich vom Saal der Notaufnahme angezogen wie von einem Magneten. Als ich an der Tür ankam, hörte ich den Arzt sagen: »Wir können nichts mehr tun.« Der Kleine schien kurz vor seinem letzten Atemzug zu sein. Da hörte ich meinen inneren Gast sagen: »Geh, leg ihm deine Hand auf und er wird geheilt werden.« Aber aufgrund meines rationalen Geistes wollte ich mich in solch einem dramatischen Augenblick nicht zum Clown machen. Als die Stimme dies aber dreimal wiederholte, verstand ich, dass es der Herr war, der zu mir sprach, und doch hatte ich noch Angst, zu diesem Kind hinzugehen.

Da sprach ich dieses Gebet: »Da du dieses Kind heilen willst, bitte ich dich, dass du nicht erlaubst, dass meine Schwachheit dich daran hindert: Vollbringe du es, dass mein Blick auf dieses Kind der deine ist, und durch deinen Blick schenke ihm die Gesundheit.« Gleich nach diesem Gebet sah ich, wie der Kleine sich zu mir umdrehte, mir direkt in die Augen blickte und ruhig zu atmen begann, als ob er plötzlich durch irgendetwas Erleichterung gefunden hätte, dessen Gegenwart er spürte. Weil die Ärzte und Eltern des Kindes mich ganz verblüfft ansahen, ergriff ich die Flucht, um zu meiner Cousine zu gehen, die gerade aus der Sprechstunde des Zahnarztes kam. So verließ ich mit ihr sehr schnell das Krankenhaus und kehrte nach Hause zurück. Doch verblieb in mir so etwas wie ein kleiner

Zweifel: Ich wollte überprüfen, ob das Kind, das kurz vor dem Sterben gestanden war, wirklich überlebt hatte. So wechselte ich das Gewand und fuhr erneut zum Krankenhaus. Als ich in der Notfallaufnahme ankam, fragte ich die diensttuende Krankenschwester nach dem Kleinen. Sie erzählte mir, dass das Kind sie alle in Verwunderung gesetzt habe, weil es wider alle Erwartungen gesund geworden sei, ohne dass sie von ihrer Seite irgendetwas unternommen hätten: »Einfach so!«, sagte die Krankenschwester. Im Grunde meines Herzens flüsterte ich dem inneren Gast ein kleines »Danke, Herr« zu.

Ich hatte ein anderes, ähnliches Erlebnis, als ich nach Kitwe in Sambia unterwegs war. Nach der Morgenmesse der Gemeinschaft hatte ich die Angewohnheit, die Tagestexte noch einmal zu lesen und sie in Ruhe zu meditieren. An jenem Tag konnte ich dies nicht am Morgen tun, sodass ich das wiederholte Lesen und Meditieren der Texte auf den Abend verschob. Während der Betrachtung, nachdem er mir den Geist für das Verständnis dieser Texte geöffnet hatte, lud mich der innere Gast ein, einen Rundgang im Armenviertel der Stadt zu machen. Es war schon recht spät, doch ich gehorchte ihm, obwohl ich nicht wusste, was ich meinen Oberen sagen sollte, denn ich war noch in der Ausbildung, wo die Regeln des Gemeinschaftslebens unantastbar waren und ich verpflichtet war, sie einzuhalten. Ich informierte also meine Oberen, die mir zu verstehen gaben, dass wir bald beten und essen würden: »Ich werde nicht lange ausbleiben«, sagte ich zu ihnen. Ohne recht zu wissen, wohin ich gehen sollte, machte ich mich auf den Weg durch das Viertel. Aus der Ferne sah ich ein Haus, das halb eingestürzt war. Von diesem Haus wurde ich angezogen. Als ich dort ankam, bemerkte ich eine sehr alte Frau, die am ganzen Körper zitterte. Auf meinen Gruß hin murmelte sie unter einem Stöhnen: »Nehmen Sie den Schemel und setzen Sie sich.« Ich setzte mich, von Schmerz überwältigt, da es mir schwerfällt, andere Menschen leiden zu sehen. Was also tun? Sie zum Krankenhaus bringen? Dazu hatte ich keine Mittel. Sie in meine Gemeinschaft mitnehmen? Daran wagte ich nicht einmal zu denken.

So griff ich in meine Tasche und zog umgerechnet etwa zwei Dollar heraus – das war alles, was ich in diesem Moment besaß – und sagte zu der Frau: »Mutter, ich weiß, dass das nichts nützen wird, aber es ist alles, was ich habe.« Sie nahm das Geld und verschloss es in ihrer Hand. Ganz traurig, sie nun so allein sterben lassen zu müssen, stand ich mit einem Gefühl der tiefen Ohnmacht auf, um zu gehen. Da sprach der innere Gast zu mir: »Bete für sie! Sie hat deine Gebete nötig.« Mit meinem noch zu rationalen Geist erwiderte ich: »Nein! Sie braucht ärztliche Behandlung.« Als der Gast nicht nachgab, wiederholte ich noch forscher: »Und ich sage dir, dass sie ärztliche Behandlung braucht. Wenn sie nicht medizinisch versorgt wird, wird sie morgen tot sein!« Daraufhin schwieg der Gast in mir. Doch als ich im Begriff war, das Haus zu verlassen, wiederholte er mit Milde: »Bete für sie, sie braucht deine Gebete!« Ich antwortete: »Und wer sagt, dass sie Christin ist?« Da, bei der dritten Wiederholung, erkannte ich die Stimme meines inneren Gastes. Sofort blieb ich stehen und fragte die Frau: »Mutter, stört es Sie, wenn ich für Sie bete?« Sie nahm das Geld, das ich ihr gegeben hatte, warf es weg und sagte: »Aber nein! Das brauche ich!« Ihre Worte durchdrangen mein Herz. Ich ging zu ihr hin, kniete nieder, nahm ihre Hand in die meine und betete mit den Worten »Herr, du wolltest mich zu ihr führen; ich bitte dich nicht, dass sie geheilt wird, sondern dass sich das erfüllt, was du für sie vorgesehen hast«. Daraufhin sagte ich zu ihr mit freudigem Herzen: »Mutter, ruhen Sie sich aus.«

Am anderen Morgen, als wir gerade dabei waren, die Gemeinschaftsmesse zu feiern, klopfte jemand an das Portal des Hauses. Der Priester ging zum Portal, um es zu öffnen, und als er zurückkam, teilte er mir mit, dass draußen einige Frauen warteten, die mich sprechen wollten. Als ich das Portal öffnete, sah ich diese Frau gesund vor mir stehen. Sie trug einen leeren Korb, den sie auf dem Boden abstellte, und nach Art der Bemba-Kultur Sambias drehte sie sich hin und her auf dem Boden, um Danke zu sagen. Ich rief aus: »Nein! Machen Sie das nicht! Nicht mir gegenüber, sondern ihm gegenüber!«, und zeigte mit dem Finger zum Himmel. Da erhob sie sich und sagte zu mir: »Ja, Sohn, dir aber auch, der du ihm ermöglicht hast, das auszuführen, was Er für mich vorgesehen hatte.« Da nickte ich mit dem Kopf. Die ganze Gruppe der Frauen wiederholte die Dankbezeugung. Sie gingen dann weiter, um Gemüse einzukaufen, das sie in ihrem Viertel wieder verkaufen konnten, um so ihr tägliches Brot zu verdienen.

Ich begab mich wieder zu meiner Gemeinschaft, ohne dass ich ihr etwas von dieser Erfahrung mitteilen konnte, denn als junger Afrikaner in der Ausbildung unter der Leitung von Europäern war es klüger, den Anschein zu vermeiden ein junger Mann zu sein, der von Halluzinationen oder Erleuchtungen heimgesucht wird. Nach der Gemeinschaftsmesse zog ich mich in die Kapelle zurück, um dem Herrn im Verborgenen Dank zu sagen für das, was Er für diese Frau getan hatte. In der Stille der Betrachtung sagte der innere Gast ein Wort zu mir, das von da an der Maßstab für meine Großzügigkeit in meinem christlichen, priesterlichen und missionarischen Leben bleiben sollte. Er sagte: »Nun, Adrien, dachtest du, du könntest mich an Güte übertreffen?« Welche Antwort hätte ich auf eine solche Frage geben können außer einem Lächeln voller Freude und Dankbarkeit. Und das tat ich auch.

Wer auch immer die Schriften erforscht, besonders die Evangelien, wird durch dieses Zeugnis das Leben dieses Jesus der Evangelien erkennen, des Mannes aus Nazareth: durch das Zeugnis der Apostel, durch das Zeugnis der Kirche und ihrer Überlieferung bis in unsere Tage. Als Zeugnis führe ich also nichts Neues an. Es ist ganz einfach nur die fortwährende Bekundung der wirklichen und aktiven Gegenwart desjenigen, der versprochen hat, dass Er jene, die an ihn glauben, niemals verlassen wird.

Auf diese Weise habe ich für mich selbst – über die Lehre der Kirche hinaus – verstanden, was es heißt, Christ zu sein: in sich selbst die ungeheure Liebe Gottes aufzunehmen, die Er uns kundtut durch diese ungeheuerliche Offenbarung der vollkommenen Verbundenheit des Unendlichen mit dem Endlichen, wovon Jesus selbst zugleich die lebendige Ikone und der ständige Bote ist. Jesus Christus selbst hat mich zu diesem christlichen Glauben von universeller Dimension geführt. Denn, wie Paul Tillich in seiner »Dogmatik« sagt: »Keine Allgemeingültigkeit ohne lebendige Beziehung.«[16]

Das heißt also, dass ich den Absolutheitsanspruch des Christentums auf einer existenziellen Ebene annehme. Mit anderen Worten: Es liegt in meiner persönlichen Beziehung zur christlichen Offenbarung, dass ich die Gültigkeit ihres universalen Charakters anerkenne, was viele, die sich Christen nennen, noch entdecken müssen. Dies ist mein Weg: Außerhalb dieser Erfahrung einer engen Beziehung mit der christlichen Offenbarung hätte den Muslim, der ich damals war, niemand von ihrer Wirklichkeit überzeugen können. Darum lautete meine Antwort gegenüber denjenigen, die mich immer gefragt haben, ob

---

[16] Pascal Verbèke, »Unicité du Christ et regard sur les différentes religions«, *Cahier de l'Atelier*, 531 (2011) 131.

ich durch mein Zeugnis etwa sagen wollte, dass alle Christen werden müssten, stets: »Wenn das, was mir widerfahren ist, Ihnen nicht auch auf die eine oder andere Weise widerfährt, tun Sie in diesem Fall gut daran, das zu bleiben, was Sie heute sind; andernfalls werden Sie weder Christ sein noch das, was Sie jetzt sind.« Aber wie kann man sich so in einem missionarischen Leben verhalten? Das ist die Frage, die immer auftaucht nach der Antwort, die ich oben gegeben habe. Hier bin ich in meinem missionarischen Leben erneut durch gewisse andere Erfahrungen, die ich in meinem Leben gemacht habe, geführt worden.

IV.2 Du wirst der Abglanz meiner Herrlichkeit sein

Während meines geistlichen Jahres, das dem zweiten Ausbildungsabschnitt zum missionarischen Leben bei den Afrikamissionaren entspricht, machte ich eine spirituelle Erfahrung, die meine endgültige Berufung bestimmen sollte. Es war im Laufe von achttägigen Exerzitien: Dort machte ich eine Erfahrung, die weit davon entfernt war, für mich normal zu sein. Ich würde es eine dunkle Woche nennen, in der mich kein Text ansprach: Man musste zweimal am Tag seinen geistlichen Begleiter aufsuchen und zweimal am Tag konnte ich absolut nichts mit ihm teilen, was das Unangenehmste und Peinlichste war. Am Vorabend des Endes dieser Exerzitienwoche, nachdem ich eine Weile damit verbracht hatte, Texte zu lesen, die mich überhaupt nicht ansprachen, entschloss ich mich, ein paar Schritte draußen in der Natur auf einem kleinen Hügel zu machen, wo sich unsere Kapelle befand und von wo aus man einen sehr schönen Rundblick über den Victoriasee hatte. Ich setzte mich auf einen alten Baumstamm und betrachtete die Schönheit der Natur, und da, auf einmal, von dem Baum, der direkt vor mir stand, hörte ich einen Vogel singen, gefolgt von einem anderen, dann weiteren, immer mehr und mehr. Der ganze Baum war voll von Vögeln, die sangen und ihre Flügel leicht öffneten. Das war ein Schauspiel voller Schönheit, das mich mit einer solch starken Freude erfüllte, dass alle Entmutigungen der zu Ende gehenden Woche vergessen waren. Als ich all das in Stille und Freude betrachtete, hörte ich den inneren Gast zu mir sprechen: »Du wirst wie dieser Baum sein.«

Ich dachte zuerst an das Gleichnis vom Senfkorn, das wächst und zu einem großen Baum wird[17], sodass die Vögel des Himmels kommen und sich in seinen grünen Zweigen bergen. Doch der Gast sagte zu mir: »Aber nein, Adrien! Schau! Dieser Baum hat gar keine grünen Zweige!« Da bemerkte ich, dass der Baum all seine Blätter verloren hatte, und als ich noch zu verstehen suchte, was das zu bedeuten hatte, fügte der innere Gast hinzu: »Die Vögel sind nicht gekommen, um unter den Blättern Unterschlupf zu suchen, sondern vielmehr, um die Strahlen der Morgensonne, die auf diesen Baum fallen, zu genießen. Du wirst für mich das sein, was dieser Baum für die Sonne ist.« Ich blieb dort, um den Baum zu betrachten, der noch voller Vögel war, dann aber, als die Sonnenstrahlen weiterwanderten, verließen auch die Vögel einer nach dem anderen den Baum, der auf einmal wieder kahl war, und flogen davon. Da begriff ich das, wozu mich der Herr berief: das anzunehmen, was ich eine Ungeheuerlichkeit nannte, ihn in Wahrheit zu erkennen und aus dieser Erkenntnis zu leben, die in der Tat das ganze Wesen verwandelt und zu einem neuen Wesen in vollkommener und heiliger Symbiose mit Gott, seinem Schöpfer und Vater, macht. Im religiösen Erbe meiner Kindheit

---

[17] Mt 13,31 ff.

war eine solche Symbiose undenkbar. Im Hinblick auf meine muslimische Erziehung war die Idee einer solchen Symbiose ungeheuerlich und blasphemisch und doch hat Jesus sich selbst mir offenbart, Er, Bild und Bote Gottes, durch den ich selbst durch viele geistliche Erfahrungen hindurch auserwähltes Werkzeug und treuer Zeuge geworden bin.

So besteht mein missionarisches Leben also darin, Zeuge einer Gegenwart zu sein, die Jesus Christus selbst ist. Christus ist der Mittelpunkt meines Glaubenslebens. Gottes Wille war es, mir durch das Geschenk seines allumfassenden Geistes eine wahrhaftige Erkenntnis von Jesus zu ermöglichen, indem Er mich ihm begegnen ließ und mich an seinem Leben teilnehmen ließ. Schon als Muslim glaubte ich an einen gewissen Issa/Jesus, einen Propheten des Islam, der am Ende der Zeiten wiederkommen wird. Dieser Jesus war jedoch in keiner Weise der Jesus, über den in den Evangelien berichtet wird. Nun hatte ich, Gott sei Dank, die Gewissheit: Jesus lebt und ist bei uns, genau wie auch der freie und allumfassende Geist Gottes. Wäre Er nicht allumfassend, wäre Er niemals gekommen, um mich mit meinem Glaubensbekenntnis zu suchen, mich zu erkennen und mich bei meinem Namen zu rufen:

»Mamadou.« Mitglied dieser Glaubensgemeinschaft, die an ihn glaubt, in der Kirche an ihn
glaubt, bin ich geworden, weil Er mich großher-
zig geleitet hat. Ich gehöre zu denen, die ihn bezeugen und über ihn sprechen, weil Er mich als
Freund darum gebeten hat und ich es akzeptiert
habe, für ihn ein Vertrauter zu sein, der ihn gern
allen bekannt machen möchte.

Ich könnte dieses Zeugnis nicht abschließen,
ohne ein anderes Thema anzusprechen, das mir
auf meinem Weg immer wieder begegnet ist. Jedes Mal, wenn ich meine Auffassung des missionarischen Lebens als »Gegenwart«, die Christus ist, darlege, sehen viele Brüder der evangeli-
kalen Kirchen, die ich in meinem Dienst treffe,
ebenfalls auch manche Brüder und Schwestern,
Priester, Missionare und Missionarinnen, die mir
nahestehen, diese Vorgehensweise als einen Verzicht auf die evangelisierende Mission der Kirche an. Ich verstehe ihre Bedenken, aber sie entsprechen überhaupt nicht meinen missionarischen Erfahrungen.

Ich habe meine erste Erfahrung mit Jugendlichen in Kitwe in Sambia gemacht. Der Ortsbi-
schof hatte mich gebeten, Jugendliche um den
Herrn zu versammeln, denn sie wohnten weit ver-
streut. Diesen Auftrag begann ich umzusetzen,

indem ich mich bemühte, sie persönlich kennenzulernen, ebenfalls ihre Familien und Sorgen,
und auch ihr alltägliches Leben in den Armenvierteln zu teilen, wo sie wohnten. Ich wusste,
dass ich nur ein Zeuge Christi unter ihnen war,
einer Gegenwart, die seine Existenz bekundet
mit dem Auftrag, ihn bekannt zu machen, damit
jeder, der kommt, lernt, ihn zu lieben und ihm
zu begegnen. Bei den Treffen – in den Zeiten des
Gebets und der Erholung – nahm ich mir Zeit,
bei den Jugendlichen zu sein und meinen Glauben mit ihnen zu teilen, wenn sie mir Fragen zu
dem wesentlichen Inhalt meines jetzigen Lebens
stellten. Da ich die harte Realität dieser Jugendlichen in den Armenvierteln aus der Nähe erlebt
hatte, wusste ich, dass die Botschaft eines Zeugen Jesu viel eher zu ihrer Art der Fantastereien
gehörte als zur menschlichen Logik oder zum
gesunden Menschenverstand. Immer wieder
machten sie sich über meine Antworten lustig,
die auf den ersten Blick zu naiv erschienen. Aber
ich verstand die Gründe für diese berechtigten
Reaktionen gut, denn was ich ihnen durch diese
Worte sagte, die auf den ersten Blick keinerlei
Anknüpfungspunkt zu ihrer eigenen Wirklichkeit hatten, war ihnen völlig fremd, denn solange
sie nicht die gleiche Erfahrung wie ich gemacht

haben würden, sprachen wir nicht die gleiche Sprache.

Vor meiner Abreise organisierte ich auf Wunsch der Jugendlichen eine Exerzitienwoche an einem abgelegenen Ort, wo sich die jugendliche Energie besser leiten ließ, weil es wenig Ablenkung gab. Es war eine sehr schwierige Woche mit fast hundert Jugendlichen und nur fünf Betreuern. Als dann am letzten Abend vor Ende der Exerzitien die Katecheten eine Unterweisung gaben über die Anforderungen des Glaubens an Jesus Christus, wurden diese Jugendlichen von Zweifeln ergriffen. Von draußen, wo ich den Frauen bei der Vorbereitung des Abendessens half, hörte ich sie sagen: »Nein! Existiert dieser Jesus denn wirklich?« Und aus dem Saal erscholl lautes Gelächter und Gespött. Da stellte ich mich vor sie hin und sagte ihnen: »Ich kann euch die Antwort auf eure Zweifel nicht geben, ich kann euch nur mein eigenes Zeugnis anvertrauen.«

Während ich nun mein Zeugnis gab, herrschte Totenstille, und um es abzuschließen, gab ich ihnen ein Zeichen mit der Hand, dass sie aufstehen sollten, weil ich für sie beten wollte. Ich wandte mich an meinen Herrn mit den Worten: »Ich danke dir, Herr Jesus, für diese Zeit des Austausches. Segne und beschütze diese Jugendlichen, die du mehr liebst, als ich sie lieben kann. Ich bitte dich um die Gnade, dass sie dich kennenlernen, wie du sie mir geschenkt hast.« Im gleichen Moment wurden die Jugendlichen Zeugen und Teil einer geistlichen Erfahrung, deren Beschreibung hier nicht nötig ist. Der Missklang und die Unruhe, die meinem Zeugnis vorausgingen, waren einem ungeheuren Frieden bei den versammelten Jugendlichen gewichen. Am anderen Morgen, dem Sonntag, gingen sie alle wie ein Mann als Danksagung zur heiligen Messe. Am Nachmittag ließ ich sie gruppenweise abreisen, bevor ich ihnen folgte. Als ich bei der Missionsstation ankam, waren meine Oberen die Ersten, die mich fragten: »Was hast du den Jugendlichen gegeben? Was ist geschehen?« Auch Eltern kamen am Abend mit den gleichen Fragen. Sie konnten es nicht erwarten zu erfahren, was diese Jugendlichen, die ihre Kinder waren, so tief hatte umwandeln können. Was hätte ich ihnen anderes sagen können, als mein Zeugnis zu geben. Er, der mich zu seinem Zeugen gemacht hat, weiß, was Er mit diesem Zeugnis erreichen möchte.

Die zweite Erfahrung ereignete sich im Herzen Londons auf dem Leicester Square. Sie geschah mit Jugendlichen und Erwachsenen einer

Taizé-Gruppe der französischsprachigen Pfarrei Notre Dame. Nach dem Taizé-Gebet tranken wir üblicherweise gemeinsam einen Kaffee auf dem Leicester Square. An jenem Tag hatten wir uns entschlossen in ein sehr bekanntes Café, das *KFC* zu gehen. Als wir also dort beim Kaffee zusammensaßen, tauschten wir uns über verschiedene Themen aus und da stellte mir ein Mitglied der Gruppe die folgende Frage: »Wie kommt es, dass ein junger Mann wie du Priester werden will?« Mit einem Lächeln im Gesicht schwieg ich und sagte zu mir selbst aus tiefstem Herzen: »O mein Gott, nicht hier!« Tatsächlich kann man sich gut vorstellen, welche Menge Menschen verschiedener Befindlichkeiten sich in einem *KFC* im Herzen Londons bewegen. Wenn jemand sich bei seinen Tischgenossen Gehör verschaffen will, kann er kein Wort sagen, das nicht auch an den anderen Tischen verstanden werden kann. Angesichts meines Schweigens sagte der Jugendliche: »Wenn ich Sie in Verlegenheit gebracht habe, tut es mir leid.« Darauf antwortete ich ihm: »Nein! Ich habe mich nur gefragt, ob ihr die Antwort auf die Frage ertragen könnt.« Alle fingen nun an zu lachen und sie forderten mich auf: »Los, erzähl es uns!« Ich begann also, mein Zeugnis zu geben, wie ich es in den drei vorausgegangenen Kapiteln geschildert habe. Es herrschte eine große Stille an unserem Tisch und an den Tischen um uns herum. Als ich zu reden aufgehört hatte, folgte dieser Stille das Geräusch eines Atemzugs, ähnlich dem beim Aufwachen nach einem Schlaf. Einer der Jugendlichen rief aus: »Das ist ein Märchen.« Mit einem Lächeln sagte ich zu ihm: »Du hast recht.« Ein anderer fügte hinzu: »Das ist idiotisch.« Immer noch mit einem Lächeln sagte ich auch zu ihm: »Das ist wahr.« Und der Dritte fügte hinzu: »Das ist unsinnig.« Mit dem gleichen Lächeln sagte ich zu ihnen allen: »Ihr habt vollkommen recht.« Ein Mädchen, das vorher versehentlich die Kirche betreten hatte, das aber meiner Einladung gefolgt war, an unserem Gebetstreffen teilzunehmen, war ganz verwirrt und stellte mir diese Frage: »Aber Adrien, wenn das, was du uns sagst, unsinnig, idiotisch und ein Märchen ist, warum hast du es uns dann erzählt?« Mit einem strahlenden Lächeln ließ ich meinen Blick über alle gleiten und antwortete: »Wenn ich an eurer Stelle wäre, hätte ich nichts von dem geglaubt, was ihr soeben gehört habt. Allerdings habt ihr mir eine Frage gestellt und ich habe euch meine Antwort gegeben. Es steht mir nicht zu, darüber zu urteilen, was ihr davon haltet.« Erneut trat eine große Stille an unserem Tisch ein. Es war spät geworden und ich hatte bereits meinen letzten Zug verpasst. Deshalb bat ich sie, mich von ihnen verabschieden zu dürfen, und wir gingen alle zusammen fast schweigend hinaus.

Später teilte mir einer der Anwesenden mit, dass er sich für ein Klosterleben entschieden habe und er sich bei mir bedanken wolle. Er berichtete, dass eine andere Teilnehmerin Karmeliterin geworden sei und die anderen sich im sozialen Bereich engagierten. Aus der Gruppe wurde außerdem einer Diözesanpriester in Frankreich.

Einmal mehr bin ich nichts anderes gewesen als Zeuge Jesu, des Lebendigen. War ich weniger missionarisch als damals, als ich im Luangwa-Tal in Sambia Glaubensunterricht erteilte und verkündete, wer Christus ist, durch das gleiche Zeugnis vor Menschen, die ihn kennenlernen wollten?

SCHLUSS

In der Geschichte meines christlichen Glaubens
sind die Herausforderungen so zahlreich wie die
Wunder. Das erklärt gut die Antwort auf die Frage: »Warum bist du Christ geworden?« Die Begegnung mit Jesus hat aus mir seinen Jünger und
seinen Boten gemacht, der nichts anderes sucht,
als den Willen seines Herrn zu erfüllen. So ist für
mich heute der christliche Glaube die aufrichti-
ge und wahrhafte Beziehung zum auferstande-
nen Jesus. Mein Glaube ist ein ständiges Streben
nach der Gemeinschaft mit Jesus, dem Lebendigen, und zwar in allen Dingen meines täglichen
Lebens. Würde man mich fragen, was sich in
meinem Glaubensleben auf diesem Weg der
Konversion geändert hat, so würde ich antworten: Mein Glaube an Gott hat sich nicht geändert,
aber mein Wissen über Gott und über die Dinge
Gottes hat sich geändert und vertieft, und dies
ist zu einer wahrhaften Erfahrung geworden.
Gott zu berühren, seine Gegenwart zu spüren,
mich im Rhythmus seiner Stimme zu bewegen,
von seiner wirklichen Gegenwart geleitet zu
sein, mit Gott zu leben wie mit einer lebendigen
Person, das habe ich seither erfahren und vorher

nicht gekannt. Auch wenn man – von außen be-
trachtet – feststellen kann, dass ich die gleiche
Hingabe im Gebet und den gleichen Einsatz in
der Nächstenliebe zeige, ebenfalls in der Suche
nach Gerechtigkeit und Versöhnung, so weiß ich
doch, dass all diese Komponenten meines Glaubenslebens nicht mehr aus der gleichen inneren
Quelle kommen, denn diese ist nun Jesus selbst,
den ich erkannt und geschaut habe.

Adrien Mamadou Sawadogo wurde am 8. April 1971 in einer muslimischen Familie in der Elfenbeinküste geboren. Nach seiner Konversion zum katholischen Glauben und seinem Eintritt in den Orden der Afrikamissionare, auch »Weiße Väter« genannt, arbeitete er sechs Jahre lang als Missionar in Sambia, bevor er seine Ausbildung mit dem Studium der Islamologie und der arabischen Sprache am Päpstlichen Institut für Arabische und Islamische Studien (PISAI) in Rom und Kairo abschloss.

Gegenwärtig ist Pater Adrien Direktor des »Institut de Formation Islamo-Chrétienne« (Islamisch-Christliches Ausbildungsinstitut – IFIC) und des Zentrums »Foi et Rencontre« in Bamako (Mali).